SANTA CRUZ TORRES, L.A.

¡¡¡QUE LE CORTEN LA CABEZA!!!

Como ser EXITOSO en todos los ámbitos aplicando un Cambio de Actitud.

En un tiempo de crisis en Venezuela, después de 15 años deciden reunirse en una cafetería 3 amigos que tenían un Cargo Directivo, uno a nivel de Gerencia Media y uno Operativo, en sectores industriales totalmente distintos. Los tres con características actitudinales y aptitudes tan marcadas en un rol que, el entorno como consecuencia a sus respectivos comportamientos, genero un éxito individual acorde a lo que cada uno buscó. Pero, al comenzar a tocar entre ellos temas que refieren a lo que soy y lo que tengo versus lo que deseo tener y, lo más importante de todo: "Lo que quiero SER"... la mente de cada uno se complica...

Este libro, es el resultado de muchos años de experiencia laboral del autor en empresas Importantes Nacionales e Internacionales que brindaron entrenamiento a nivel de Supervisión, Gerencia y Directivo al mismo, para que pudiese ejercer estos cargos desde el primer día que egreso del Alma Mater como Ingeniero en Información. Todas las anécdotas aquí reflejadas son hechos reales que sufrió el Autor directamente o que aprendió por acontecerle a algún compañero de trabajo.

El motivo de que se llame ¡¡¡Que le corten la Cabeza!!!, es el resultado de una frase coloquial que en muchas de estas empresas escucho y ejecuto, cuando alguna persona por haber hecho algo indebido, no hacer su trabajo bien o sencillamente hacerlo bien pero por razones presupuestarias... sencillamente debía ser despedido. Sin importar si este empleado, tenía mucho o poco tiempo en la organización, si producto del despido esta persona tendrá o no la posibilidad de seguir manteniendo su familia: entendiéndose una esposa, una madre enferma, un padre en avanzada edad cuya pensión no le alcanza para cubrir sus gastos básicos, un bebé recién nacido o un adolescente que necesita pagar la universidad.

Por otro lado, en el ámbito amoroso hay personas que siempre comentan con felicidad en el rostro: Ojalá... ¡¡¡Que le corten la cabeza!!! a ese novio, a esa

esposa y hasta a esos amigos que: ¿Por qué no pueden amarse? Por el simple hecho, que el dinero no les alcanza para cubrir los caprichos o todas las necesidades de la persona que tiene al lado. O, bien el tiempo no les da para más, pues para cubrir los servicios de la casa... trabajan, trabajan y trabajan... dejando un vació amoroso profundo en el ser que les acompaña.

Te sientes Identificado!!!, entonces este libro es para ti... pues en su interior, existe una cantidad de moralejas que te llevaran a descubrir quien eres, que función tiene en el grupo empresarial o personal en el que te desenvuelves y que papeles desempeñan quienes te rodean, que es clave para empezar a tomar decisiones. Aprenderás 10 valores claves para tener éxito y enfrentar todos los cambios y pruebas que la vida te pone. Visualizaras cual es tu verdadera Misión en la Organización, como Emprendedor, como profesional pero sobre todo como persona... evolucionando tu rol, aprendiendo a mezclar actitudes y adquiriendo más aptitudes pero con Compromiso para que termines Feliz, haciendo lo que más te gusta y puedas auto-realizarte.

Todos nos caemos y fracasamos en algún momento de la vida: La salud no es eterna, tampoco lo es un cargo, ni un sueldo, ni la vida de quienes te rodean... la libertad esta pero también puede perderse... Y las empresas: si ellas siguen cuando se entrenan personas para que las mantengan en funcionamiento pero, incluso estas... en Crisis pueden desaparecer. Así que Cambia!!!, Sé Líder de tu Vida!!! Y ve por lo que quieres todos los días, por el resto de tu vida, con este libro en tu mano y recomienda su lectura o entrégalo como obsequio a quien consideres necesitarlo...

¡¡¡QUE LE CORTEN LA CABEZA!!!

Santa Cruz Torres

¡¡¡Que le Corten la Cabeza!!!

Una metodología de Vida para darse cuenta que hay formas distintas de hacer las cosas, siendo más felices y alcanzando los resultados deseados en el ámbito laboral, social, económico, profesional, personal y familiar.

Dedicado a mi hija Alissa Francheska Santa Cruz Mejías, quien en medio de la Crisis Venezolana, así como muchos de mis amigos, familiares, vecinos, conocidos, colegas y compatriotas... con tan solo 7 años emigro con mi autorización a Estados Unidos, en pro de conseguir un mejor futuro y tener la calidad de vida que hoy con dolor, no puedo darle.

Ella, quien fue la que acelero el proceso de culminación del libro que bien estuvo parado por 5 años, en pro de conseguir los recursos económicos que resulten con la venta del libro... para al menos poder visitarle.

Ella, quien es y siempre sera el motor de mi vida, así como deben serlo todos los hijos para los padres y madres del mundo.

A ella le debo toda la felicidad laboral que con el libro llegue y la nueva etapa de conferencista, de instructor, asesor y coach en las áreas de Gerencia del Cambio y Liderazgo a realizar.

A mis padres... por inculcarme el hambre del conocimiento y exigirme que fuese el mejor en todo lo que inscribiera. Por ellos, aprendí de competitividad sana y ética. Y entendí que mientras uno se cree el mejor por hacer todo lo que hace o lograr todo lo que uno se propone. Hay miles de personas que están haciendo el doble o el triple de lo que tú realizas.... Así que nunca bajes los brazos y aprende algo nuevo a diario pues es la única forma segura de convertirnos en un mejor ser humano y crecer más en el ambito que lo coloques...

A mi pareja actual, le agradezco la libertad que gozo... pues el estado Venezolano actual, en su continuo esfuerzo por mantener el control y generar politicas populistas anti-emprendedores y empresarios. Me sostuvo como preso politico por 15 dias militarmente sin ser yo parte de las fuerzas armadas de mi pais... y me robo 45 dias habiles posteriores, metiendome como un preso politico en celdas, cual delicuente. Sin haber violado mi persona ninguna Ley o tener el fiscal prueba alguna en mi contra. Sencillamente recibieron instrucciones... y cumplieron. Que el munndo lo sepa!!!

No menos importantes... a mis hermanas, sobrinos, profesores universitarios colegas, amigos de la infancia, amigos ganados en las empresas donde he laborado... supervisados y supervisores, indistintamente del cargo... pues al ver en las redes sociales la noticia que habia terminado el libro... sin dudarlo quedaron en ser piezas claves tanto de la adquisicon del libro como de la difusion de la noticia por estos medios.

Y, ya para concluir a Mariana Citterer quien se esforzo para darme esta bella portada... Talento Venezolano de Exportacion que con pasión y compromiso, labora sin parar en pro de sus seres queridos.

Así que el éxito del libro... es tambien de todos ellos. Mil Gracias!!!

TEMAS

Capitulo I:

- ¿Por qué debo mejorar?. 13

Capitulo II:

- Debo saber quien es mi Equipo y quien soy:
  - El Amante. 45
  - El Cuentista. 50
  - El Cartógrafo. 73

Capitulo III:

- Ser Ejemplo con los X Valores que represento.
  - La Puntualidad. 109
  - La Presencia. 114
  - La Selección. 122
  - La Adaptabilidad 136
  - La Asertividad. 169
  - La Firmeza. 185
  - El Liderazgo. 194
  - El Eidetismo 199
  - Ser Carismático 209
  - Un Estratega 222

Capitulo IV:

- Identifico mi Mision en la Vida, en la Organización y Proyecto a donde quiero ir 228

Capitulo V:

- Redefino roles, sincerandome conmigo y los demas ...244

Capitulo VI:

- Soy Feliz por que Amo lo que hago. 285

¿De donde viene el termino?...

¡¡¡Que le Corten la Cabeza!!!

¿De dónde viene el termino?

¡¡¡Que le Corten la Cabeza!!!

Antes que todo es importante aclarar que el decir ¡¡¡Que le corten la Cabeza!!! A alguien, no significa que literalmente se le va a hacer un cercenamiento de la cabeza y el cuerpo a un individuo, tal y como refleja el termino **Decapitar** per se; que es el término que aplicaría en acción a la exclamación aquí expuesta.

A efectos de esta sociedad moderna y, con la excepción de algunos estados islámicos como Siria e Irak (que aplican la decapitación a los enemigos o prisioneros de guerra); en el ámbito empresarial, social, amoroso, económico y/o algún otro ámbito en el que consideren puedan aplicarlo, significa: Romper abruptamente con la relación establecida... Sin importar las consecuencias que esto genere para la persona sentenciada en grupo o, por premisas y normas generadas por este mismo grupo de personas, pero, que de forma individual debieron ser analizadas por el verdugo en pro de poder realizar una ejecución "ética" y justificable ante la audiencia o, al menos satisfactoria para su conciencia.

Ahora bien, ¿cuantas personas se decapitaron desde la llegada de Cristo?... creo que jamás la ciencia tendrá el número, pero, por la biblia se entiende que San Pablo y San Juan el Bautista fueron decapitados, así que esta metodología de castigo es bien antigua. En Inglaterra la decapitación con hacha era común antes de implementar la horca, tal y como pasaba en muchos otros países de Europa. Mientras en Francia, Alemania, Holanda y otros países del mundo se hacía con Espada... algo que

Inglaterra posteriormente utilizo solo para fines de los nobles o personas de alto rango cercanas al Rey.

En España el degollar era algo común... y el decapitar era una acción posterior. Sin embargo, es a final del siglo XVIII que aparece la guillotina (entiéndase icono que está a pie de página) en Francia, como método que buscaba igualar la pena capital y eliminar el sufrimiento innecesario a todas las personas que violasen la ley, pues para ese entonces, se les ahorcaba a los villanos, se les decapitaba a los nobles y se le aplicaba la pena en la rueda a los asesinos.

Ahora bien, el nombre de Guillotina tiene su origen en el Dr. José Ignacio Guillotin quien fue la persona que presento la propuesta a la Asamblea Francesa. Sin embargo, inicialmente la herramienta fue conocida como la Louison ya que el Dr. Louis fue quien dirigió su construcción... pero, por alguna razón que no puede encontrar aun cuando se investigó bastante del tema: volvió al nombre del planificador de la herramienta en algún momento de la historia.

Hoy en día, ¿A cuántas personas se les corta la cabeza diariamente?, entendiendo que se les pone fin a una relación laboral, sentimental, económica, política, social, etc. ¿Es un numero imposible de conocer, cierto?... pues revísate tu lector, ¿cuantas veces has cambiado de pareja en tu vida?, o ¿cuantas veces tus padres te han castigado quitándote algo que deseas?, o ¿cuantas veces has cambiado de trabajo porque te despidieron o porque te llevaron a tomar esa decisión?, o ¿te han corrido de un inmueble?, o ¿te han dejado de invitar a una simple

reunión por tu forma de ser?... quizás ¿hay amigos que pensaste tener y luego te diste cuenta que se apartaron de ti por algún motivo?... en fin, hay miles de formas en que una relación de termina, se corta… y cuando te das cuenta, terminas afectado o peor aún, te haces el indiferente decidiendo ni evaluar el escenario o las razones que te pusieron en esa situación, por ende, no cambias y con el tiempo la historia se repite con otros personajes… quedándote con el tiempo solo o sin lograr las metas que en el corazón y cabeza te hacen feliz.

Algunas personas, dirán: ¿Para qué quiero muchas personas al lado si no es cuestión de cantidad sino de calidad?... y yo les apoyo. Siempre que tu corazón y cabeza cuando te analices, te demuestren que eres feliz con todo lo que tienes y haces… caso contrario, estas mal y solo evades lo inevitable. Así que permíteme decirte hoy que voy a cumplir 40 años, que he despedido a muchas personas en todas las organizaciones a las que he pertenecido, que he cambiado de proveedores más veces que de ropa, que he tenido tantas personas que entran y salen de la vida a diario, que he montado negocios como buen emprendedor, los he quebrado y he llorado bastante pero los he vuelto a llevar a la cima con esfuerzo y arduo trabajo que: el tiempo no nos perdona… y lo que haces laboralmente, en algún momento te tocara vivirlo, que lo que haces como un simple ser en la calle, tarde o temprano Dios te lo cobra o te lo recompensa.

¡Así que, si sientes que puedes mejorar y cambiar, hazlo ya!!! Lee el libro, reflexiona sobre las enseñanzas que da y haz los cambios que necesitas con compromiso pues, quien ama lo que hace y trabaja por ello, logra los

objetivos... y lo mejor termina rodeándose de personas exitosas en todos los ámbitos. Ser Feliz no tiene precio... te invito a tomar el control total de tu Vida.

Es lo único que te puedo adelantar... El escultor de tu vida eres tú, así que selecciona las mejores herramientas para tallarla, sin dar o recibir tantos golpes.

Atte.,

Luis Santa Cruz.

¡¡¡Que le Corten la Cabeza!!!

CAPITULO I - ¿POR QUE DEBO MEJORAR?

Hace algunos años atrás, en una época de crisis que vivía mi Venezuela querida... se reencuentra 3 amigos después de 15 años sin haber conversado:

Marina, una hermosa ejecutiva que laboraba para una firma internacional de belleza es la primera en llegar a la cafetería. Al ingresar se percata que, en un viejo reloj de madera, situado al final de la pared central, detrás del mostrador y justo arriba de la vieja cafetera de acero inoxidable en donde un anciano propietario del lugar, se encontraba colando el café más oloroso que en sus 34 años de vida había podido oler; marcaba quince minutos para las 8:00 a.m.

Enseguida se voltea y visualiza el letrero de la puerta en donde reflejaba que la apertura del local era a las 8:30 a.m. y que la finalización de la jornada era a las 6:00 p.m., teniendo un horario corrido sin descanso inter jornada.

Suspira y pregunta: Disculpe señor, si la jornada de trabajo inicia a las 8:30 ¿tiene algún problema de que me siente y ordene un fabuloso café del que está preparando mientras espero unos amigos que deben de estar por llegar?

El Anciano, le contesta mientras continuaba preparando el café: No hay ningún problema señora, pase, siéntese y póngase cómoda... para mí es un placer atenderle y entablar una conversación, si usted gusta... mientras llegan sus amigos.

Muy amable, encantada... contesta Marina... pero antes, ¿me gustaría conocer su nombre?

Mientras el señor, tomaba un plato, colocaba la taza encima y servía el café con las manos temblorosas... Marina escuchaba cautelosamente como suena la fricción entre las cerámicas, al moverse... se percata que quizás el señor tiene Parkinson o bien es de una edad más avanzada de la que inicialmente suponía... en ese momento escucha: Ricardo, señora... mi nombre es Ricardo y soy el dueño de este local desde hace 50 años... lo inicie cuando tenía 20 años, por si se está preguntando mi edad... justo después de haberles dicho a mis padres que abandonaría la escuela de ingeniería ante el continuo fracaso en mis calificaciones.

No me parecía justo, el invertir más tiempo en algo que no me apasionaba... y, el crear expectativas en personas a mí alrededor que jamás se cumplirían.

Marina, cuyo uno de sus atributos era una alta capacidad analítica... enseguida piensa, que el día comenzó de maravilla... tenía tan solo pocas horas de estar despierta y ya había recibido la primera enseñanza de una persona mayor... no obstante eso no podía quedar solo allí, pues quedaban al menos 12 minutos libres de interesante conversación con el Sr. Ricardo... razón por la cual solo había que atreverse a preguntarle más cosas, sin ser invasivo a la privacidad:

Marina, responde... entiendo, muy bueno lo que hizo señor Ricardo..., pero después de 50 años en el negocio como se siente.

Me siento mal por un lado... pues si hubiese dedicado más tiempo a los estudios, seguro hubiese pasado mis materias, tendría un título, podría haberles exigido a mis hijos que estudiasen en una universidad y hasta quizás... tuviese una mejor vida.

Pero por otro lado... no me arrepiento, pues soy el mejor en lo que hago... seguramente después de haber probado mi café, vendrá todas las mañanas a degustar uno...

¡Caramba!!!... responde Marina... ¿está muy seguro de la calidad de su café, ¿no?

Jajajaja... si no se vende uno, ¿entonces quien lo hará?... prosigue Ricardo...

Eso sí es cierto... contesta Marina.

Fíjese mi señora continuo Ricardo... Mis hijos saben que las deficiencias que tuve las sopesé... madrugando, abriendo el local antes que cualquier otro competidor, trabajando cuando otros descansan, pero cerrando todos los días puntualmente a fin de poder dedicarle tiempo suficiente a la familia que tanto Amo.

Todo el que viene a mi local... recibe un Excelente Servicio y me recomienda, lo cual hace que cada día que pase, lleguen y lleguen más clientes... al punto que a veces no me doy para cubrir todos los pedidos que tengo... No obstante, aun así, al que no logro atender, se marcha con una sonrisa...

Sabe cuál es mi secreto...señora, dice el viejo con una sonrisa en la cara, mientras le guiñaba el ojo.

Marina, con una sonrisa en la cara… responde… ahora lo veo y lo entiendo, don Ricardo.

Prosiguió el señor después de una pequeñísima pausa… la clave está en atender a tantos como es posible y que la gente vea que uno hace el mayor de sus esfuerzos, mientras se es feliz… que una atención personalizada no tiene precio… que aquel que madruga tiene derecho a ser bien atendido, porque se lo ganó llegando temprano al sitio donde desea desayunar; adquiriendo automáticamente un respeto especial para mi… por, el simple hecho de haberme escogido para servirle… y si el otro desea que le sirva en un momento que no puedo, entenderá que debe de madrugar al día siguiente para conseguirlo.

Mis precios son accesibles, pero me dejan una gran ganancia… la mayor de estas: amistades y nueva familia… la segunda: respeto y admiración de cómo lo hago aun en mis avanzados años y, la última y menos representativa… el dinero.

Usted tiene cara de Administradora, viste elegante como Gerente, tiene en la mano derecha una agenda con un logo que presumo es de la firma trasnacional donde labora, con un costoso bolígrafo que sobresale del bolsillo de la chaqueta de lino blanco que reposa detrás de la silla.

En su muñeca izquierda posee un gran reloj dorado con una esfera de diámetro superior al que normalmente veo… posee anillo de casada y otro en su mano opuesta con un rubí que sobre sale entre el oro sellado con un escudo el cual, imagino es de la Universidad donde egreso… a eso que le dicen Alma Máter.

Una esclava de oro que hace perfectamente juego con el diseño de su cadena y aretes... y por su puesto como buena profesional... su cinturón de piel de cocodrilo, que perfectamente hace match con sus zapatos...

Eso me lleva a la conclusión de que usted es una ejecutiva de una empresa trasnacional, ¿o me equivoco? Añade el señor.

Impactada Marina por la alta capacidad de análisis de aquel señor sin estudios universitarios responde, casi susurrando... sí señor, efectivamente... ¿por qué lo pregunta?

Ricardo, riendo nuevamente responde: La gente que maneja números como usted, rara vez entiende mis planteamientos dado que se gobiernan solo con la cabeza y nada con el corazón...

Sin darse cuenta que no existen instrumentos que sirvan para medir la cantidad de amor que uno da o que uno puede recibir... así como tampoco existe formula alguna para cuantificar el respeto y la admiración... No obstante, mientras se gobierna la vida con los números... te concentras tantos en los mismos que, no lograr percibir que cada vez hay menos amigos a tu alrededor... y, los que quedan con el tiempo no merecerán ni un segundo de nuestra preocupación producto del colapso cerebral que tenemos.

Sin embargo, debo señalarle que la familia, muere o crece... por lo que en el tiempo te vas quedando sola... al menos que apliques los únicos antídotos que existen:

    1.- Mantener tus amigos.

2.- Haz crecer tus círculos de amistades tanto como puedas... dado que con el tiempo te darás cuentas que ya son tu nueva familia... Con ambas recetas es imposible que la soledad te invada.

Usted, se ve joven y hoy no lo entenderá por más que busque aceptar mi información, pero con el tiempo vera que tengo la razón.

En ese momento, brota una lagrima de Marina... baja su cabeza, toma un sorbo de café en una posición que, en uno de los tantos postgrados realizados, le habían señalado no tener por reflejar inseguridad, introversión, etc.

Ricardo se acerca, saca un pañuelo del bolsillo interno de su viejo chaleco... lo coloca en la mesa, y le dice a Marina: No hay nada de qué preocuparse... mientras exista tiempo... puede cambiar. Por otra parte, no creo que el señor que viene llegando... desee charlar con alguien que, en la entrada de una conversación, trae tristeza.

Vamos levante el ánimo, que el día de hoy es mejor que el de ayer... y todos los días se puede más.

Marina, toma el pañuelo... se seca las lágrimas, sonríe y voltea, percatándose que su viejo Amigo Alberto, efectivamente era la persona que estaba ingresando al local.

Alberto, al ver la cara de Marina... sonríe y caminando a pasa rápido, llega a la mesa, dice buenos días... pero al ver los ojos enrojecidos de Marina, de manera jocosa le dice:

- Amor, no me digas que me llamaste para pegarme la conjuntivitis... o para decirme que te estas divorciando...

Marina de forma muy seria, voltea a ver que el reloj de su muñeca dice: 8:01 a.m.....

Sube la mirada y con voz muy pausada comenta: Alberto, entendí que la reunión era a las 8:00, no tengo conjuntivitis, no me estoy divorciando... y, por el contrario, estoy gozando de una amena conversación con el Sr. Ricardo, a quien con gusto te presento...

Alberto, al escuchar tal respuesta se queda callado... mostrando cara de asombro, y solo escucha a Marina iniciar su pequeño discurso:

El Sr. Ricardo, tiene alta experiencia en negocios... y mejor aún, experiencia de vida... mezcla cada uno de los ingredientes que componen un buen café con amor y dedicación, al punto de convertirlo en el mejor café...

Se levanta antes que todos... y no teme en abrir su local antes de la jornada laboral, pero tiene un objetivo claro al terminar la tarde, compartir con su familia. Su presencia va más allá del chaleco que posee... pues tiene un pañuelo perfectamente perfumado para cuando una mujer lo necesite... y, míralo detenidamente, su cabello y barba blanca están perfectamente cortados.

No tiene personal contratado... pues es Selectivo. Sabe que todos sus clientes importan y solo él puede darles la atención que merece...

Acertó al abandonar Ingeniería... pues hoy tiene un negocio prospero. Tomo la decisión precisa y oportuna de decir la verdad, para el bien de su familia y propio. Un acto digno de admirar, sobre todo cuando se es joven...

Lleva 50 años en el mercado, razón por la que sin duda alguna se ha adaptado a nuevos cambios, siendo líder para atraer masas.

Su memoria eidética está intacta... pues reproduce sus experiencias con tal sabiduría, que pudo concretar en 16 minutos lo mejor de su vida, emanando las palabras más sabias que he podido escuchar.

Es un ser caritativo pues me ha regalado sin necesidad y obligación, su tiempo... pero, lo más importante, es tremendo estratega pues ha conseguido que desde hoy en adelante me convierta en su clienta.... Lo cual es un placer... y sonríe.

Alberto, abre los ojos de una manera nada usual... voltea a ver al señor... después de haber escuchado aquella fabulosa presentación. Coloca la cara seria, contraria a la que había mostrado al burlarse de Marina y con una voz gruesa y armoniosa responde: Estimado señor, si una Directora Comercial del prestigio de Marina... hace tal presentación... solo me queda acotar que, desde hoy, yo también seré uno de sus clientes... y espero que, de llegar más temprano el día de mañana, me regale algunas palabras sabias con las que afrontar esta terrible crisis por la que paso.

El Sr. Ricardo, nuevamente con una sonrisa en la cara... después de haber escuchado, la impactante presentación recibida… de forma humilde solo responde mientras observa a Marina: Mil gracias señora… me alegro que haya sido de utilidad… quedo a la orden para cualquier otro pedido, o conversa…detrás de la barra.

Y a usted señor Alberto, es un placer conocerle y recibirle cuando guste… me retiro, no sin antes preguntarle si gusta algo de beber.

Alberto, solo dice: no señor, por el momento nada… Muchas gracias. Se voltea y procede a sentarse en frente de Marina.

- Hola Marina, tiempo sin vernos y saber de ti… disculpa el retraso, pero me quede dormido…
- Tranquilo Alberto… la idea es relajarnos y conversar un poco, a intercambiar experiencias, ponernos al día y sobre todo pasarla bien como en los tiempos de antes… tu sabes, cuando todos los días, charlábamos, nos reíamos de las cosas que nos pasaban y lo más importante… le contábamos a todo el mundo las anécdotas con pro y contras del actuar de todos y cada uno de los miembros de nuestro grupo, con lujos y detalles, a fin de burlarnos y gozar.
- Jajaja, Marina como olvidarlo… si yo era de uno de los negritos del que siempre se burlaban… menos mal que era vivo y cambiaba el tema rápido y/o dirigía las burlas a otro con menos talento para quitármelos de encima.
- Si así es Alberto… siempre has tenido ese talento… Fuiste y eres la persona que siempre logra reunirnos con algún motivo. De hecho, le

- conversaste a Eduardo que nos reuniríamos aquí a las ocho.
- Claaaarooo Marina…. Pero sabes que ese nunca llega a la hora y como esta tan pendiente de "N" cantidad de cosas… capaz y se le olvido. Pero, ya lo llamo:

Procede Alberto a sacar con cuidado su celular algo obsoleto, comienza a revisar la agenda del teléfono y marca:

- Aló Eduardo… que fue hermano como está la cosa.
- ¡Bien, bien entre lo que cabe… Vas a venir o que!!!
- Bueno apúrate que te estamos esperando…
- Claro chico… Marina y yo… ¿quién más pues?
- Marina Sánchez… yo te dije.
- Si esa misma…
- Bueno te esperamos…
- Saludos.

Marina, a todas estas… mirando al cielo, con la mano derecha en su mentón y apoyando el codo en la mesa… Al colgar, se dirige a Alberto:

- No cambia tampoco, vale… siempre tan despistado.
- Si Marina así es, pero llegara en unos minutos… vive a solo dos cuadras de aquí. No obstante, mientras podemos avanzar en algo… ¿qué cuentas?... más allá de lo que he visto en Facebook.

- Bueno Alberto, no mucho... desde la última vez que nos vimos, termine mi licenciatura en mercadeo, realice un postgrado en gerencia y un diplomado en coaching.
- ¿Coaching?, responde Alberto.
- Si coaching, tu sabes... lo nuevo, ese estilo que trata de hacer que las personas mejoren su conducta más por persuasión que por obligación. De hecho, uno plantea los problemas sin juzgar, de una forma tal que ellos mismos se dan las respuestas que nosotros buscamos.
- Interesante, Marina... pero, ¿dónde lo aprendiste?
- Lo estudie en España... pero lo he perfeccionado durante varios años... lo teórico siempre dice una cosa... pero en la práctica resulta diferente. No obstante, sin los conocimientos básicos jamás lo lograras...y si lo logras, no sabrás como lo hiciste para sentar un precedente y hacer que otros también puedan hacerlo.
- Qué bien Marina... Bárbaro.
- Seguidamente, al egresar de la universidad... conseguí un trabajo como analista de mercado. Algo nada soñado... no cumplía con el salario que yo consideraba merecer, tampoco era como la universidad lo pintaba... había 12 personas haciendo lo mismo que yo, pero con productos diferentes, 3 supervisores, un Gerente de Mercadeo, un Director Comercial con Ventas y Marketing a cargo para Venezuela, Colombia y Brasil y claro está un Presidente Corporativo desde el organigrama que me competía.

Lo único bueno es que me capacitaban… al punto que 5 años más tarde me llamo una empresa de la competencia, me ofreció un mejor cargo, sueldo y ambiente. Así que decidí irme después de pagar el preaviso que usualmente nadie paga… tu sabes como soy…

- Si, bolsa… responde Alberto.

Yo me hubiese marchado al instante para demostrarles que me debían de cuidar… porque yo valgo, yo soy el mejor y por eso… otros me desean.

Jajajaja….

- Pues yo no, responde Marina.

A mi criterio, la mejor presentación que uno puede tener ante la nueva empresa contratante, "si esta es seria" (acentuó con los dedos de ambas manos) … es el negociar que lo dejen a uno cumplir con el preaviso pues esto les garantiza que, de marcharme alguna vez, dejare a alguien preparado en el cargo y/o daré tiempo suficiente para que otra persona nueva o no, tome la vacante que dejo.

Por otra parte, salir corriendo a tomar la nueva vacante por que gano más, me resulta de mercenarios… y estos no son los valores que me gusta vender sumado a que tampoco me gusta que mis empleados me dejen, sin pagarme el preaviso… por estas razones, sencillamente lo cumplí.

Posteriormente como ganaba más dinero, comencé a ir a un gimnasio donde conocí a

Alexander, quien es hoy es mi esposo... me case después de dos años de noviazgo y bueno al día de hoy ya tengo una beba de 4 años que se llama Sofía.

Sigo en la misma empresa... y como vez, he crecido en ella hasta ser hoy su Directora Comercial.... Y tú ¿qué cuentas? Alberto.

- Bueno Marina, la vida no me ha tratado también como a ti... y la verdad, ¿no sé por qué? Si soy bastante trabajador, ayudo a todo el mundo, amo y me dejo amar, expreso siempre lo que siento, entre otras cosas...

Fíjate, me case hace 5 años con la novia que tú conociste hace 10 años... Patricia, esa rubia despampanante de apellido Sosa, cuyo padre tenía una cadena de ferreterías.

- Si si recuerdo asentó Marina... marcando con la cabeza un sí.
- Bueno esa... estando con ella estudie una Licenciatura en Recursos Humanos y me gradué pasando las materias en la raya... confiado de que ingresaría al negocio de la familia de Patricia.
Y efectivamente no me pele... el papá me contrato como Gerente de Recursos Humanos y me dio la responsabilidad de ingresar al personal, pero, al cabo de un tiempo nos montaron un sindicato. Tu sabes chica, algo terrible el cual nunca supe de dónde salió pues todos los trabajadores eran bien

buena gente… me querían mucho y yo a ellos. Es más, algunos entre si eran hasta familia, pues tu sabes… para ayudarlos les hacia la segunda.

Sin embargo… si bien la conformación del sindicato molesto al principio al suegro… a los días, lo tomo como algo positivo motivado a que las exigencias de los trabajadores no eran tan descabelladas como para que la compañía no pudiese costearlas…

En ese momento el Jefe me indico que me encargara del asunto pues contaba con el apoyo de él para cubrir las nuevas exigencias económicas… Claro, esta… como yo no estaba en una posición favorable que digamos (pues a mí fue que me montaron el sindicato) … todo lo que pedían los trabajadores yo sencillamente lo anotaba y lo aprobaba… tu sabes… para que no parasen el canal de comercialización… pues allí sí que saldría despedido por la puerta de atrás.

Firmamos el contrato colectivo en un dos por tres… y al concluirlo, el Jefe me convoca a una reunión para decirme que un asesor externo, le había convencido que con las nuevas clausulas firmadas, la productividad y la rentabilidad del negocio mejorarían… que dejase de lamentarse por las calles, que viera el lado positivo y sencillamente comenzara a cambiar el ambiente…

Internamente me moría de risas... al escucharlo... pero tenía que disimular por ser el Jefe quien las decía...

¡Me provocaba decirle loco! ¡Te está estafando el asesor!!!... bótalo ya!!!

La gente se gana con Amor... no con dinero... pero... como eso también era cuchillo para mi garganta al ser yo el principal responsable de ese desagradable momento... decidí callarme.

- Con una mirada fija y penetrante... Marina responde: Ya veo....

Ahora bien, prosigue Alberto... Marina, si bien había caminado en el filo del acantilado por mucho tiempo... nunca lo había hecho como cuando decidí contratar a Camila, más por el espectacular cuerpo que se gastaba que, por estar capacitada al cargo de Analista de Recursos Humanos.

Y, pues si... me dirás que estoy loco... enfermo, etc., etc... pero como me voy a resistir a una morena de 18 años despampanante, toda hecha... (Mientras hacia el acostumbrado gesto de senos grandes, cintura estrecha y abultado trasero, con ambas manos...) que me decía a todo que si... jajajaja.... Imposible...

- Que básico... Alberto, comenta Marina.
- Tienes razón... no te la quito... me goce la vida a mil y a Camila, millones de veces... (soltando una

pequeña risa picara al concluir la última frase) pero, (cambiando el gesto drásticamente a una seriedad profunda), lo pague con creces cuando mi esposa me descubrió... y me hecho de la casa, de la empresa y de su vida para siempre.

- ¡Que!!! ¿Y eso hace cuánto fue? Pregunta Marina.

- Hace dos años... pero sigo sin superarlo, responde Alberto.
Hoy estoy trabajando como Supervisor del Área de Nuevos Ingresos del personal en un periódico regional... pero, creo que están por despedirme.

- ¿Y por qué crees eso? Pregunta Marina.

- Es que no teníamos sindicato y nos acaban de montar uno... y este sindicato ahora está pidiendo la destitución inmediata de otros Gerentes que no son como yo. Razón por la que la Gerencia General de la Empresa ha tomado esto de muy mala manera y está tomando cartas en el asunto, comenzando por analizar uno a uno el comportamiento tanto financiero como moral del área... y aquí si es donde me voy a caer.

Primero, porque creen que yo estoy asesorando a los obreros con la negociación... sin ser eso "100% cierto" (acentuó con las manos las comillas).

Y segundo porque, estoy saliendo con una recepcionista recién contratada de 21 años aun cuando al llegar se me notifico que los amoríos empresariales no estaban permitidos en la organización, por política interna establecida por los dueños...

- Ah sí... responde Martina con cara de Preocupada.

- Si... Marina, con cara de cual ganador de formula responde Alberto...
Pero es algo temporal, pues son solo unas pasantías las que va a realizar la muchacha... de 3 meses esto no va a pasar.

En ese mismo momento ingresa al local Eduardo...justo con tiempo suficiente para escuchar la última oración de Alberto y comenta...

- Aja Alberto, con que sigues arrasando empleadas... todo un huracán de amor como siempre... jajajaj.... Pasan los años y no cambias chico... hasta cuando durmiendo con menores.

No ves que el que duerme con menores, amanece trasnochado...

Marina, voltea su mirada hacia arriba y a la derecha, esperando que aparezca Eduardo... y al verle le dice: Caramba Eduardo... Cachicamo diciéndole al morrocoy conchudo... por la hora en la que llegas, veo que tampoco cambias...

¡Tampoco así Marina!!! – Comenta Eduardo... todos estamos más viejos... y en algo hemos cambiado, claro está nuestra esencia es la misma.

Jajajaja se ríe, Alberto... así, mismo es Eduardo; siéntate es lo que es... para que nos resumas un poco tu vida... que ya Marina y yo, hemos avanzado en algo.

En ese momento... Marina abre su agenda, se voltea y saca el bolígrafo de su chaqueta, le da vuelta a fin de garantizar que la punta con tinta este apta para escribir... y comienza dibujando un triángulo en la hoja derecha que contenía el día exacto de la reunión.

A todas estas, mientras esto sucedía...Eduardo, ve con cara de extrañes lo que Marina hacía y pregunta:

- Y eso Marina... ¿Para qué es?
- Ella voltea... lo mira fijamente a la cara y dice: Es una minuta...
- ¡Minuta!!! Replica Alberto.... Ni que estuviésemos en una reunión empresarial...jajajaja
  Acá no tienes nada ni nadie de quien cuidarte... lo que hablemos sencillamente que el aire se lo lleve... o basta con lo que nuestra memoria recuerde... tú sabes... como cuando éramos jóvenes.
- Marina... nuevamente con una voz sutil responde: ¡precisamente por eso... ya jóvenes, no somos!!! y nuestra mente no retiene la misma cantidad de datos que hace algunos años... si a eso le sumamos el stress, las responsabilidades, lo urgente versus lo prioritario, lo impredecible, el entorno, los cambios climáticos, etc... ¿que nos queda?... quizás nada...
  De aquí... Que desde hace algunos años... mi agenda es también una amiga que hace que lo

que verdaderamente importa, quede por escrito con día y hora... no importa si el hecho es del pasado, presente o se ejecutará en un futuro... "Siempre lo tendré presente".

- ¿Y con que tiempo revisas la Agenda? - pregunta asombrado, pero con un tono poco burlista Eduardo.

- Con el tiempo, que los demás utilizan para chismear, opinar, etc... de manera indebida... responde Marina. A eso se le llama Optimizar el tiempo y tú más que nadie lo deberías aprender y aplicar, Eduardo.

Pero bien, este no es el punto de la reunión... adelante Eddy... prosigue con lo que nos ibas a contar de tu vida.

- Bueno como les estaba diciendo, Alberto... Marina... soy analista de sistemas de una importante empresa de telecomunicación, tengo 10 años haciendo lo mismo desde el punto de vista técnico.

Mi jefe en varias oportunidades me ha postulado como supervisor, con el compromiso de que continúe con mi Licenciatura... pero, yo pienso que con el grado de Técnico estoy bien... total, la diferencia entre una persona de confianza como un supervisor radica principalmente en que al supervisor no le pagan horas extras y a mi si... jajajajajaja y si vamos al recibo de pago, lo que ganan de sueldo básico adicional a lo que cobro, solo es un 30%... con todas esas responsabilidades que llevan encima.

En cambio, yo… tranquilo… haciendo lo que se hacer… ni más ni menos… y si me equivoco… ¿a quién le cortan la cabeza?

- Alberto responde… jajajaja siiii al Jefe…
- A todas estas… Marina, seguía escribiendo en su agenda… escuchando atentamente lo que comentaban sus amigos.
- Exacto, responde Eduardo.
  La culpa de todo siempre es del Jefe… así que si uno es pila y sabe tapar las cosas… lo normal es que sea el Jefe el que ruede…
  En mi caso… ya he visto rodar a varios de esos a los que le demuestro que los quiero bastante… que son buena gente… que me caen súper bien…
  A los que les digo si claro Jefe… mañana está listo seguuurooo… cuente conmigo…. Y después, zazzzzzz los apuñalo por la espalda.
- Impactado un poco por el comentario, Alberto comienza a cambiar su cara… "quizás por visualizarse el un poco en los personajes que describe Eduardo"; y le dice: Ya va… un momento Eduardo… me estás diciendo que conservas el trabajo… haciéndole mal a otros y traicionando la confianza que te otorgan tus Jefes.
- Eduardo, con cara del que se las sabe todas… le responde de manera eufórica… EXACTO HERMANO…. Ya caíste… la clave para sobrevivir en las empresas es hacer que los errores que cometes no los vea nadie, y si los ven que el culpable sea el que lo descubrió.

De aquí… que siempre debes estar emitiendo comentarios negativos de alguna persona… y no alabando mucho las virtudes de otros…

Para ponerte un ejemplo:

Hace como dos años aproximadamente… un vecino se me acerco con la intención de que le enseñase como sobrevivir en un mundo empresarial difícil al que pertenecía, en donde tenía un Director General que los trataba como perros… y un Gerente de Recursos Humanos… conocido en los bajos mundos como "Payaso"… que bien trataba de "Suavizar" el impacto negativo que el primero generaba… pero, sin generar de fondo o forma cambio organizacional alguno… pues sus ideas eran mediocres y/o favorecían exclusivamente al patrono.

Ante tal introducción, decidí que debíamos reunirnos varias veces, con la intención de conocer las debilidades del Gerente de Recursos Humanos y realizar un plan para golpear drásticamente tanto la economía del Director General como la moral de ambos…

El resultado, montar un Sindicato en la Empresa, pero antes, mi vecino debía hacerse amigo del "Payaso" para conocer el terreno a pisar y, sin que este se diese cuenta ir convenciendo al resto de los empleados de firmar el acta que materializaría el plan en una realidad.

Pasaron unos días de hipocresía hasta que finalmente se hicieron amigos. Durante este tiempo se recopilaron las exigencias y necesidades de todos los trabajadores al punto que les dio tiempo de reportar todo esto a la Inspectoría del Trabajo como ente que regula y oficializa el Sindicato… sin llamar la atención de ninguno de los jefes.

No obstante, fue tan veloz el actuar gubernamental y la aceptación de la gente a las ideas propuestas por SINDIFERRE, que es como se hizo llamar el sindicato nuevo conformado: que una mañana cuando el dueño estaba abriendo la puerta del negocio, las autoridades conjuntamente con los sindicalistas aparecieron en acción. Al ver esto, el dueño o director general me cuentan que trato de ubicar por todas las vías a su Gerente de Recursos Humanos partiendo de que este debía tener más información que la que este poseía. Sin embargo, ya el gerente por otra vía y de forma paralela también se estaba enterando de la situación, pero no tenía cara para enfrentar los hechos y mucho menos mirar a los ojos a quien había confiado en él, por tal efecto ni aparecía en la empresa ni contestaba el celular. No sabía dónde se iba a meter… jajajaja… pobre hombre, al final no le quedo de otra que dar la cara, ver los nuevos requerimientos laborales, aceptar las nuevas clausulas económicas sin mucho de refutar... pero sobre todo ver como se desmoronaba la Moral de su Jefe.

Pero, como eso no era suficiente para el vecino mío... ahora iría por la liberación absoluta de la mediocridad Gerencial en esa empresa... para lo cual había que deshacerse del líder de Recursos Humanos....

A todas estas... Marina seguía escribiendo... y escuchando la gran enseñanza que planteaba Eduardo; al mismo tiempo que podía predecir el futuro nada agradable que traería la historia... en su sonreír.

- Pero ¿Qué hacer para que este individuo saliera despedido por la puerta de atrás, lo antes posible y después de ese problema generado? dice Eduardo... fácil, al ver la atracción física que este sentía por su analista, al obrero vecino mío, se le ocurrió acordar una reunión para que los mismos ya fuera del trabajo y con un ambiente más relajado... tú sabes... musiquita, cerveza, poca luz... jajaja y unos amigos zalameros... tuviesen un encuentro ideal que les pudiese llevar a algo.

Y, en efecto hermano...

El obrero no se pelo... el Gerente de Recursos Humanos y su Analista, (escúchalo bien hermano, su A N A L I S T A, deletreado y mayúscula) pasaron esa noche juntos y rápidamente el Gerente se enamoró... sin darse cuenta que en la

empresa el chisme corría hasta oídos de su señora...

Al poco tiempo... La bomba explotó trayendo los resultados tan esperados por el vecino mío... la esposa del gerente se enteró... formando un espectáculo en la empresa de tal magnitud que inmediatamente lo botaron, no solo por el Show si no por ser la Esposa del Gerente también, la hija del Director General... jajajaja de novela hermano jajajaja pero lo mejor, a que no sabes quién es el gerente hoy en día....

- Con cara de Ira... los ojos craqueados de la rabia... y un tono nada amistoso, Alberto responde... ANTONIO CARRASCO.

Marina...en ese momento no lo podía creer... su cara reflejaba nervio, pero al mismo tiempo Paz... al punto que de manera veloz... Emitió un comentario:

- Alberto... Eduardo no sabía... tiene no menos de 13 años sin conversar a fondo contigo... Cálmate.

Eduardo... en Shock por la respuesta de Alberto...y de manera defensiva, lo primero que hizo al momento de escuchar el nombre de su vecino fue... Pararse y dar unos pasos hacia atrás... Comentando:

- Alberto, como sabes el nombre de la persona...
- Porque yo soy el gerente PAYASO que confió... con voz quebrada respondió Alberto.
  Soy ese... del que tú te burlas y del que se burla Antonio.

Ese ser buena gente... que hoy, no ha podido superar su divorcio y que tanto se arrepiente del error cometido... pero que todavía, sigue creyendo en gente como tú.

Créeme esto no me volverá a pasar jamás... y no te preocupes Eduardo, no es tu culpa... no hay resentimiento...

En ese momento... Eduardo, baja los brazos... torna su cara con una pena que a lo lejos era apreciada por el Sr. Ricardo... se acerca nuevamente a la mesa, toma la silla, volteándola para dejar el respaldar pegando de su pecho.

Se voltea la gorra negra dejando la visera a la espalda... cual muchacho arrepentido... y comenta en voz baja:

- Hermano... cuanto lo siento...
  No sabía... que el traicionar a alguien doliese tanto...
  Lamentablemente nunca me tome el tiempo de preguntar el nombre de ninguna de las personas a la que les hice daño... y ciertamente jamás hubiese actuado de esta manera si supiese que se trataba de ti.
  De corazón lo siento, aun cuando el daño está hecho.
  Espero puedas perdonarme...
- Alberto responde... casi susurrando: lo se... pero no te preocupes... toda tormenta en algún momento pasa... lo importante es ser fuerte y aguantarla mientras arrecia.
  Tranquilo te perdono...

Pues, si yo hubiese tenido algo de malicia... tan solo una pizca... nada de esto me hubiese ocurrido por más que lo planeasen.

En ese momento, a Marina... la más estudiada de todos... las más reflexiva, pero sobre todo la más Estratega; se le ocurre decir:

- Sr. Ricardo, por favor les trae a los señores, unos cafés de esos ricos que usted prepara... conjuntamente con unos panecillos recién sacados del horno, por favor.
  Los malos ratos se pasan con un buen Café... y una buena reflexión sobre los hechos.
- Claro, enseguida... respondió el Anciano.
- A ver chicos... continúo diciendo Marina.
  Lo que tenemos aquí es el mejor regalo que nos podemos obsequiar... y les voy a explicar el ¿por qué?:

Todos nosotros tenemos problemas y hemos venido aquí a evadirlos, evitarlos o cualquiera que sea la frase que deseen colocar...

Pensamos que sería una charla amena y se tornó en algo caótico...

Creíamos tener la razón individualmente... por el simple hecho de ver un lado de la moneda... y, nos estamos dando cuenta que todo en esta vida esta entrelazado... al punto que 10 o 15 años después todavía se atan cabos...

Inicialmente... me sentí atacada por ustedes al ver su reacción por mi agenda... No obstante, en el transcurrir de la conversación y de la mañana, he ido anotando puntos en donde creo que hemos caído todos. No son muchos... solo 7 errores a los cuales le presentare posibles soluciones... si en consenso las aprobamos y discutimos.

De verdad, humildemente solo espero que analicen lo que escucharan y no me juzguen, pues al final creo que será divertido el vernos reflejado en uno de estos espejos...

Pienso, que lo importante aquí es que aprendamos de los casos para, con base a nuestro criterio... tomemos nuevas y mejores decisiones... indistintamente que estas, nos lleven por qué no, a un nuevo fracaso...

Considero, mejor morir en el intento de evolucionar... que quedarme haciendo lo mismo hasta que los evolucionados nos ahoguen...

Sí... Así mismo es...

Porque mientras estamos quejándonos del trabajo que tenemos... de las circunstancias que nos rodean... de la familia... echándole la culpa a terceros o no reconociendo nuestras culpas... Hay gente en otra parte de la ciudad, estado, país, continente o universo... que construyen su sueño, mejoran su vida y le dan CALIDAD... hasta lograr su autorrealización.

Así que, pongámonos a reflexionar como equipo y a trabajar ya mismo en un cambio para tratar de recuperar el tiempo perdido mientras mejoramos como profesionales, personas y miembros de esta globalización.

Pues, estoy cansada de envidiar a otros... de imaginar cómo sería mi vida si tuviese esto o aquello... que fácil se tornaría todo si alguien me pusiese donde hay o me ayudara dándome los básico o elemental que creo requerir para surgir... hasta terminar sin querer en un sueño continuo que fácilmente me consume la vida...

Como profesional, con base les puedo señalar que he estudiado a muchos millonarios, a bastantes personalidades importantes del mundo empresarial, económico, deportivo, tecnológico, etc... pero sigo sin conseguir lo que realmente quiero pues, si bien he analizado su forma de trabajo, nunca me percate hasta este momento su verdadero fondo.

Dado que para ver este, tenía o teníamos que preguntarnos como mínimo lo siguiente:

1.- ¿Nos hemos percatado lo que muchos de los hoy millonarios han hecho para conseguir lo que tienen?... ¿nos hemos preguntado cuanta ayuda

real recibieron para estar donde están hoy?... ¿qué sacrificaron, cuanto les costó o que tuvieron que aprender o desarrollar para lograrlo...?

2.- ¿Sabemos cuántas veces fracasaron antes de lograr el éxito?

3.- ¿Fue de suerte su éxito... o la perseverancia los llevo a esto?... ¿Es acaso su lucha por un sueño o ideal lo que los llevo a cumplirlos?

Sinceramente creo que no nos lo hemos preguntado... y, si lo hemos hecho, no nos hemos respondido honestamente si estamos haciendo lo mismo que ellos para tener lo que ya lograron... mientras, perseguimos el mismo sueño de grandeza.

Un ejemplo de esto para que nos midamos un poco y observemos mejor nuestra realidad, lo daré citando tres de las frases más relevantes de Thomas Edison a ver cómo nos va en una autoevaluación:

- "No me equivoque mil veces para hacer una bombilla, descubrí mil maneras de cómo no hacer una bombilla."
- "Las personas no son recordadas por el número de veces que fracasan, sino por el número de veces que tienen éxito."

- "El genio es un uno por ciento de inspiración y un noventa y nueve por ciento de sudor."

Ahora bien, en mi caso debo recalcar:

1.- Personalmente debo decirles que nunca he tratado mil veces de lograr un objetivo... dado que los objetivos que me trazo suelen ser normalmente alcanzables... Aquí radica mi primera gran falla, pues para ser exitoso, la meta debe ser tan grande como la recompensa que busco...

Lo que me conlleva a una deducción simple... "Nadie me va a recordar por el logro de metas comúnmente alcanzadas... Y nadie me va a premiar por lo que cualquiera puede hacer...". Con este principio básico y con un actuar antagónico al aquí planteado, se puede concluir que por esta simple razón de diferenciación es que hoy son pocos a nivel mundial los millonarios...exitosos.

2.- Como Alta Ejecutiva puedo decirles que he tenido millones de éxitos... pero, ¿cuantos han realmente impactado mi vida?... esto es importante, pues normalmente vemos como éxito aquello que nos da un crecimiento económico...pero, ¿es realmente solo este tipo de éxito el que necesitamos para auto realizarnos?... yo creo que no. Y es por eso que Thomas no atribuyo el éxito a un determinado sector en la segunda frase que mencione.

3.- Todos hemos tenido ideas innovadoras, a todos se nos ha ocurrido algo que surgió de la nada para cubrir una necesidad específica o problema... pero, cuantos realmente hemos puesto el empeño de hacerla realidad... a costa de lo que sea.... Yo, ciertamente no... ¿alguno de ustedes si, amigos?

- No, definitivamente no... respondió el Eduardo.
- En mi caso tampoco... continúo diciendo Alberto.
- Bueno chicos, he aquí el por qué estamos todos reunidos en la misma mesa, "apartando nuestra amistad".

Compartimos el Deseo y la Necesidad de Éxito... Y no de cualquier éxito... con lo que acabamos de ver con Thomas Edison... Si no de un ÉXITO GLOBAL que nos permita auto realizarnos en GRANDE...

Si bien... profesionalmente algunos hemos crecido más que otros... o algunos hemos conformado familia mientras otros se inclinan por la soltería, o bien son exitosos en áreas en donde otros solo vemos o tenemos debilidades... si hay algo en lo que estoy 100% segura: Es que no estamos conformes como estamos o con lo que estamos haciendo con nuestra vida.

Y aun cuando no tengo la respuesta estadística de cuantos millonarios hay de cuna y/o cuantos han salido de abajo… les puedo decir que en los últimos treinta años he visto y estudiado muchos casos de personas exitosas que, en pocos años se han convertido en millonarios al tornar su idea en un éxito…

Algunos en el área tecnológica, otros en el área de alimentos, otros con arte, literatura o con construcción… etc., etc… no obstante indistintamente del sector, lo único que tenían en común era la pasión… ahora bien en que área desean tener éxito, en que empresa, con cual familia, pareja, círculo social, etc… lo decides tú, lo decidimos cada uno de nosotros individualmente con nuestro actuar.

Así que basta de rodeos y entremos en lo que debemos cambiar…

Vean aquí parte de lo que escribí.

CAPITULO II – DEBO SABER QUIEN ES MI EQUIPO Y QUIEN SOY.

Marina, colocando su agenda en una posición idónea para que Eduardo y Alberto pudiesen contemplar perfectamente el triángulo realizado por ella; comienza por señalar:

- Señores, creo fielmente que el primer error que hemos cometido es no saber qué tipo de personaje interpreta cada uno de nuestros trabajadores en el día a día y cuál es nuestro rol en la empresa con base a estos tres tipos de arquetipos que mencionare a continuación:

    El primero que se me ocurrió, resaltando uno de los atributos de Alberto es:

    EL AMANTE: La Real Academia española lo coloca como un Adjetivo para aquel que Ama o bien, cuando aplica un: "hombre y mujer que se aman".

    No obstante, históricamente podemos decir que el amante es aquella persona que suele tener una relación amorosa con otra (sea de un sexo diferente o no) durante un periodo de tiempo determinado, sin estar vinculado legalmente con la misma… y mientras mantiene al menos otra relación formal.

    El amante, es aquel personaje de la oficina al que a todo el mundo le cae bien… que, en una reunión de trabajo, interrumpe por recibir múltiples llamadas de la familia, el vecino, el amigo, el socio de uno de los clubes al que está afiliado, el proveedor y hasta la competencia... para ver, donde es la fiesta y quien la organiza... o para motivar a este personaje a que la haga.

Es ese señor o señora que está pendiente de todo... que sabe desde el cumpleaños del obrero hasta el del presidente de la organización... al punto que se los memoriza de tal forma que, incluso no laborando en la empresa, los llama para saber cómo la están pasando.

Se encarga de hacer la colecta para las tortas, los regalos, la cena de navidad, el baby shower, la parrilla de las vacaciones colectivas, la operación de tío del primo de la secretaria de planificación que la misma no vino por estar cuidándolo, etc., etc.

Es la persona que algunos letrados denominarían... Adjetivadora Calificadora pues, para ella cada persona refleja un sentimiento:

- El de compras es el Avaro.
- El de ventas el Carismático.
- La de recursos humanos la Mala Gente.
- El de contabilidad el Antipático.
- La de almacén, esa misma la Gruñona... que se queja por contar.
- Los de marketing, que digo mitómanos.

- o La vieja de finanzas como la agarrada que para nada tiene real.
- o El homosexual de administración como la chica de pinga (cuando esto en mi educación es más una ofensa que un elogio) … entre otros.

Como se puede apreciar, es puro sentimiento por todas partes... pero, ¿realmente a una empresa le conviene tener una persona contratada o fija que exprese solo sus sentimientos?

Desde mi experiencia, puedo decir claramente que no... dado que los sentimientos son emociones que parten de un criterio unipersonal sin base cuantificable sostenible... o al menos, sin base cuantificable de la forma como usualmente los utilizan los empleados.

Por citar un ejemplo, se puede decir que en nada contribuye que un jefe sepa que la secretaria del director de finanzas es "buena gente"; pues ese dato no aporta valor absolutamente en nada... No existen bonos en efectivo para la gente buena, ni metas que las empresas se establezcan para crecer partiendo de la premisa de "buena gente" … tampoco he visto promociones de cargo por ser buena o gente... y si seguimos escudriñando nos daremos cuenta que en este punto radica el principal error de este personaje:

No saber definir el inicio y el límite de los calificativos utilizados, es decir... solo trabajar con sentimiento.

Dado que, si pusiésemos el mismo ejemplo definiendo el tema y delimitándolo, seguro veríamos otra realidad de la misma secretara del director de finanzas como a continuación lo hare:

Esa secretaria si es buena gente… cumple el horario a la perfección e incluso trabaja más horas de las debidas.

Con este escenario, un jefe puede pedir el reporte de asistencia al departamento de recursos humanos y evaluar un bono por cumplimiento de horario perfecto, solicitar que se le cancelen las horas de tiempo adicional que trabaja, evaluar enviarla a un curso como premio para ver si es que está trabajando más tiempo porque es ineficiente e incluso dictaminar por qué no, el incorporar a otra persona al staff dado que es probable que este sobre cargado de trabajo el puesto.

Se puede evaluar el promoverla a un cargo donde la puntualidad sea clave, al mismo tiempo que se desarrollan y evalúan otras aptitudes y actitudes… o bien se puede redefinir el cargo para hacerle un ajuste salarial, etc. Como pueden ver son muchas las cosas que se pueden hacer si partimos de algo más que sentimiento.

Ahora bien, entre otros errores garrafales del Amante, debemos de señalar que al manejar todo con sentimiento, la comunicación que suelen utilizar es excesivamente informal al punto que los límites mínimos que deben existir entre los diferentes niveles organizaciones, terminan quebrantados. Es decir, es común ver a estos personajes diciéndole a una empleada bonita, un piropo o cortejándola... sin que necesariamente deseen involucrarse con la misma. O, bien decirle a un almacenista... "coño pana como está la cosa" ... sin darse cuenta que en una reunión en la que participe el Presidente de la empresa, probablemente con la Ley de Murphy como aliado... pase el mismo obrero y le grite a voz populi... "Aja Pana así te quería ver... empalado" ... (Porque estos almacenistas cada vez que le pueden quitar la "D" a una palabra como empalado lo hacen) ... quedando el Amante, terriblemente mal con su Jefe.

Del mismo modo, como son los que regularmente organizan las fiestas, las rumbas (como se le conoce en Venezuela), etc... suelen volar, las barreras físicas que deben de existir entre los trabajadores de diferentes niveles e incluso interdepartamentales... al punto que es común ver que el día lunes (después de la reunión organizada por El Amante el día viernes) que, alguien se dirija al mismo con frases como:

"Esooo... maraqueaste a la secretaria del director toda la noche...
Tu como quieres algo con ella". O bien:

"Tremenda la embriagada que nos echamos... quien iba a pensar que terminaríamos abrazados en una esquina"

Y hasta por qué no, siendo el tranquilo de la fiesta:

"Chamo tu si eres aburrido… esta niña rebotándote… y tu nada más le agarraste la mano".

Y ya para concluir, lo que quizás para mi es el peor defecto: **Si partes de que todos son buenos…difícilmente te tomaras el tiempo necesario para monitorear sus acciones, auditarlos y/o predecir lo que ocurrirá en caso de…**

Esto es lo que le paso a Alberto… y de lo que vive Eduardo, cuando se encuentra personas con características de Amante… no obstante, esto es solo una arista de la cadena de errores cometidos ambos.

Y digo esto, porque tú Eduardo, tienes las características idóneas de lo que denominaría:

<u>**EL CUENTISTA**</u>: O el segundo personaje que se me ocurre describirles… continúa Marina, relatando.

Eres Eduardo, ese ser que actúa como las víboras… arrastrándose entre el pastizal, el barro, las piedras e incluso encaramándose en los árboles para lograr lo que te beneficie sin importar cuanta gente te lleves por delante o el daño que hagas. Tienes la destreza de nadar en aguas peligrosas como los Everglades pantanosos del sur de Florida… y sobrevives… Admirable más no envidiable.

Sueles disfrutar estrangulando a tus víctimas poco a poco… y mientras más vivas estén, mejor trabajas para, a posteriori degustar su fin e incluso pasar semanas regocijándote con el manjar probado o la hazaña realizada.

Discúlpenme, si soy tan cruel y ruda… con estas personas y contigo Eduardo… pero me cuesta asimilar como alguien puede vivir de la desgracia ajena.

En ese momento, Eduardo un poco afectado por la situación, interrumpe a Marina con dos pequeños toser… y el colocar de su mano izquierda en forma cerrada, directo a la boca.

- "Marina" … acentúa Eduardo.
  Esa es la opinión que tú tienes de mí…
  Me trajiste aquí para de forma educada humillarme en frente de Alberto… y regocijarte al restregarme, tu alto estilo y distinción.
  Por eso es que este país está como está… gente como tú… se aprovecha de nosotros… los que necesitamos un empleo.

Alberto, quien después de la descripción del AMANTE… había quedado en un limbo reflexivo… concientizándose de las rudas palabras que había dicho Marina, pero, que contenían un alto nivel de profundidad y sobre todo de realidad… justo en ese momento interrumpe diciendo:

- Eduardo, cálmate hermano… Marina ha comenzado mal la descripción de tu rol… pero estoy seguro que concluirá con aspectos positivos del mismo, al igual que lo realizo conmigo. Todavía nos queda mucho por saber de este y del próximo rol...que seguro será autodestructivo... pues cuando una persona se critica, suele ser incluso más ruda que cuando otra persona la juzga.

Entiende, que son roles que en algún momento tomamos... quizás, algunas personas nos inclinemos más hacia uno u otro personaje; no obstante, tenemos el derecho de cambiar en el momento que lo deseemos.

Tal vez después de la explicación de Marina tú decidas seguir siendo el mismo... Tal vez en el ambiente que te desempeñas... debas seguir siendo el mismo... no obstante si tú cambias, estoy seguro que el ambiente cambiara.

Así mismo... Hermano... si la forma de ver las cosas, tú las cambias porque te lo crees, porque estas convencido que es un derecho propio, ya que nadie está dentro de ti... y asumes una actitud diferente, vendiendo las cosas por lo positivo y no por lo negativo... seguro todo mejorara.

Estoy convencido, que Marina no tiene la fórmula perfecta... y jamás tratara de vendernos la mejor imagen de sí misma o de alguna otra persona... solo, está reflexionando cual puede ser la mejor imagen o la mejor versión de una persona en una empresa o lugar que deseemos.

- Exacto, afirma Marina justo en el momento en que Alberto concluye su intervención.

Yo, al igual que tu Eduardo... he de tener muchos problemas laborales... mis empleados me detestan porque si no hacen lo que digo... sencillamente los despido.
No tengo corazón alguno, pues los números son el Alma de mi éxito y, en ellos solo hay una verdad... o se alcanzan o no.
No me interesa cuando los trabajadores tienen un familiar enfermo, más allá de lo que la ley diga... es decir, si su abuelo está muriendo y agonizando... al que falte por visitarlo, le descuento el día... y, si no logran la meta, hasta ese momento trabajan conmigo.
Las excusas son para perdedores... y el éxito, para pocos... que, por lo general somos los que hemos triturado a todos aquellos que nos rodean.
Cuando me hablan siento que me temen... y estoy sumamente segura que pocos realmente me respetan. Dado que el respeto es aquello que va más allá de la adoración de alguien solo cuando se está enfrente de ella... El respeto, amigo mío solo se conoce cuando hay lealtad más allá de la distancia... cuando se sabe que, ante cualquier comentario, tendrás un escudero que resalte tus buenos atributos, aun sabiendo a detalle todas tus fallas.
El respeto, es sentirse atrincherado en una guerra... a kilómetros del campo de batalla... porque sabes que hay cientos de personas o, al

menos una... que te defenderá ante las adversidades con la palabra...
La palabra amigo mío... tan solo con la palabra... pues es el arma más poderosa que cualquiera puede usar...

Por esto Eduardo que te estoy diciendo... es que te pido que por favor te quedes y me permitas continuar analizando y aprendiendo de ustedes.

Un poco consternado y afectado en cierta forma por las palabras expuestas por Marina y Alberto; Eduardo, tan solo decide bajar la cara... sentarse lentamente y recibir justo en ese momento los fabulosos cafés aromatizados con unos panecillos pequeños cual degustación que habían pedido, pero no habían sido entregados por Ricardo ante lo emotivo de las palabras de todos.

- Aquí tienen señores, comenta el Sr. Ricardo.
  Recién sacados del horno...
  Como no me comentaron cual sabor preferían de los panecillos... decidí, darle una pequeña muestra a cada uno, de los que poseo.
  En lo personal, me permito recomendarles el de canela... pues, es definitivamente el que más me encanta.
  Quizás, porque me recuerda a aquel panecillo que me preparaba mi adorada madre cuando era un niño... ustedes saben... para el recreo... cuando éramos más alegres por no tener paradigmas... por no saber del dinero, el trabajo y mucho menos comparar lo que tenemos con lo de los otros.

Sencillamente, si nos gustaba lo que el otro compañero tenía en su lonchera... le pedíamos y el con todo gusto compartía.

No teníamos ni idea de si valía más o menos su desayuno o el nuestro... no obstante el objetivo estaba sobre todas las cosas... "Alcanzar la Felicidad".

Y, me permito decirles esto... porque sin querer me he dado cuenta que tienen roces desde hace rato...

Y los roces... señores... pueden acabar cualquier relación cuando se acumulan...

Mi padre, solía decirme que los pequeños problemas son los más peligrosos... dado que se comportan como aquel barril de pólvora que entre los pliegues de la madrera, ha dejado un pequeño hueco por donde se filtra la importante mezcla, haciendo... acorde al volumen de producto que drene... o un importante show de fuegos artificiales o, la más peligrosas de las explosiones.

En tal sentido señores, como veo que son todos adultos... mi invitación es a revisar el barril, no dejar que la pólvora drene... y, sobre todas las cosas: el de aceptar y conversar las diferencias.

Me retiro si me lo permiten...

Nuevamente el silencio, se apodero de la mesa donde se encontraban Marina, Alberto y Eduardo...

Después de haber culminado la última oración del Sr. Ricardo, tan solo pudieron verse las 3 cabezas acentuando con un sí...el permiso para que el Señor se retirase.

Pasaron... no menos 2 minutos en silencio...

Se miraban unos a otros cual niños regañados por un padre... cuando este les pide silencio... o que mediten su mal obrar.

No conseguían palabras con la cual retomar el tema y, al mismo tiempo... no sabían si dejar el lugar para nunca más volver o por el contrario si debían seguir viniendo para que este señor a cambio de panecillos les siguiera educando.

Incluso, podría decir que lucían tan confundidos... que parecían un rebaño de ovejas sin un pastor líder, con sus respectivos y entrenados sabuesos, que las agrupase y las metiera al corral.

En eso... Alberto, quizás el más carismático de todos... se hecha a reír... y dice:

- Pues bueno, Marina... continua... que nos va agarrar la noche en este lugar y nos vas a mandar intrigados a casa con lo de tus personajes.

- Eduardo, al escuchar esta ocurrencia... también comienza a reír... y dice: Lo que me faltaba... no tengo padres desde hace tiempo y en una mañana me ha salido una madre y un padre putativo a regañarme.

    Jajajajaja... no digo yo...

Lo único, es que ciertamente ambos tienen la razón y no se las puedo quitar... así que Marina, como en los tiempos de antes... pues me quedare a escuchar todos tus consejos.

- Marina, sin mover la cara... mueve los ojos para ver la cara de sus compañeros mientras estos hacen comentarios... y, finalmente... termina incorporándose con una descomunal risa....

Jajajajaja... mil gracias Eddy por tu confianza... Y lo mismo para ti mi querido Alberto...

No obstante, antes de retomar el tema... (Procede a sacar un cigarrillo y un yesquero de acero, de un pequeño bolso que había colocado en el asiento ubicado a su izquierda, el cual estaba vacío).

... (Hace una pausa)

Enciende el cigarrillo... y lo inhala fuertemente.

Procede con alta clase a exhalar él humo absorbido... botándolo hacia arriba con suficiente presión, como para divisar un fino hilo que desde su boca hacia el techo se esparcía.

Mis más sinceras disculpas a ambos... Marina, procede a decir.

Olvidemos lo malo y continuemos donde quedamos... (Mientras volteaba la agenda colocando el triángulo frente de ella, como para recordar el punto exacto de la conversa).

Y dice: ... Cuando realice la comparación de este tipo de personas... que trabajan como CUENTISTAS... con una víbora, sin querer deje expresar mi más profunda repulsión y sentimiento... colocando a un lado la objetividad que me caracteriza.

Y, aun cuando ciertamente mediante una parábola y analogías... describí de muy mala forma el personaje... hay una realidad que no se puede ocultar, la cual es el poco valor agregado que los mismos generan al hacer comentarios.

Me explico:

Usualmente a estas personas se les puede reconocer por generar opiniones negativas en momentos de criticidad. Es decir, son aquellas que cuando una persona presenta un indicador que ha levantado con sacrificio, comentan interrumpiendo al expositor: "He visto mejores Indicadores".
Distrayendo desde ese preciso momento a la audiencia, desconcertando al exponente y lo peor... destruyendo en un segundo la relevancia del indicador y del trabajo realizado... Cuando, sencillamente se pudo esperar a que se culminara la exposición y de forma muy educada, plantear el incremento o remoción de valores, datos o

variables que, efectivamente permitan exprimir mejor el escenario para, generar información y con el tiempo, el conocimiento que nos lleve a una meta común organizacional.

- Uhhnnnn... se le logra escuchar a Eduardo, pero de manera muy baja.
- Es muy cierto Marina, lo que dices... yo lo he vivido en carne propia y no es nada agradable el estar en esa situación y mucho menos cuando se puede ver en los ojos de quien ha realizado el comentario: la "Felicidad", comenta Alberto.
- Por eso es que lo digo Muchachos.

Es más... me atrevo a señalarles que estos mismos seres, suelen ser los que en plena discusión de un contrato colectivo, exclaman "eso es todo lo que ofrecen"... sin saber la condición real financiera de la empresa, conocer la estrategia de la compañía para llegar a un punto medio ante exigencias utópicas por parte de un sindicato corrupto que, no necesariamente está buscando el beneficio de los trabajadores, si no el propio (debo aclarar que existen muchos sindicatos que no necesariamente caen en este ejemplo); generando en ese momento, una ruptura de la mesa de trabajo que incluso a posteriori puede conllevar a la intervención de un ente gubernamental.. Sin ninguna parte que resulte victoriosa mientras, la planta continúa parada... y el país con su población, necesitando los productos.

Tan simple como esto que les cuento...

Por tal efecto, y con el corazón en las manos…. Es que muy humildemente les comento que me gustaría educarlos y adiestrarlos a todos para que con esa habilidad crítica que les caracteriza, con esa capacidad de detectar errores o deficiencias en documentos, exposiciones, etc. Con ese alto grado de inteligencia que de seguro han de tener para razonar abstractamente y ver más allá de lo plasmado… realicen comentarios positivos a la gestión mientras generan crecimiento personal y profesional a cada uno de los entes que en una empresa compartimos tanto tiempo.

¿pueden verlo ahora?……………………………

Sin embargo… con esto que les relato, no quiero ponerme ante sus ojos como una ovejita… pues no lo soy. Ya que de hecho practico a menudo el sarcasmo o la emisión de una mala opinión… para terminan motivando a las personas y que a posteriori me vean a la cara y digan: "Viste… lo logre" … No obstante, debo reconocer y de hecho estoy convencida que con actos positivos… con reforzamiento positivo… hay colegas que obtienen los mismos o mejores resultados, porque han tornado la vida mucho más fácil para todos…

Es por ello Eduardo, que sin necesidad que me respondas, me permitiré dejarte las siguientes inquietudes para que las medites en tu interior y te des algunas de las respuestas que mayor repercusión traerán a tu vida:

1. ¿Quizás, Eduardo… no crees tú… y solo abro una probabilidad… de que, en vez de haberte hecho famoso por poner trampas a los jefes, haciéndoles creer que eras su amigo… te hubiese enfocado más, en brindarles ideas para que los mismos brillasen ante el Presidente de la Empresa… logrando de esta forma hoy una gerencia para ti, con un mejor sueldo y un mejor estilo de vida?

2. ¿Consideras que tal vez, ellos mismos te hubiesen pagado la culminación de una licenciatura o incluso un postgrado… para cuando conformes una familia… tengas herramientas para exigirles a tus hijos que asistan a una universidad?? ¿Existe esa posibilidad donde laboras?

3. ¿Es posible… que no siguieras trabajando en la misma empresa donde estas hoy… pero, no por malo… si no porque otra empresa te ofreció un mejor cargo, sueldo, bonos, vehículos, seguros, expatriación, etc. con base a los resultados obtenidos en la empresa donde laboras o laboraste?

4. Ya por ultimo... ¿puedes visualizar la posibilidad de haber conseguido un Jefe que cuando verdaderamente brillases... solo te generará sombras por el temor de que con tus ideas... le pudieses quitar el puesto? ¿Por qué esos Jefes también existen...?

¿Cierto?

Indistintamente de las respuestas que te des.... O los riesgos que hayas cometido o puedas cometer tan siquiera por haber intentado algo de esto o peor aún ni haberte arriesgado si quiera; en mi papel de Guía, me permitiré aclárate solo dos cosas que te servirán para el resto de tu vida:

1. Todos en la empresa sabemos quién es el Jefe que no permite que la gente crezca, que es envidioso e inseguro, rallando en la mediocridad...
Ese ser siempre será solo eso... y cuando se equivoque, le cortará la cabeza su Jefe, su par y sus empleados.
2. Sin importar cuanto se quiera opacar el brillo de un diamante... "entendiéndose este el talento de cualquier trabajador, su inteligencia, etc."
Y cuanto lo desees esconder, en la más oscura sombra...

Aquel que con ahínco le busca, necesite o desea siempre lo encontrara… mientras este se mantenga brillando o tan solo conserve su esencia de diamante.

Razón por la que ahora si debo de preguntarte… con la intención de una respuesta: ¿Si conoces el motivo intrínseco por la que un diamante vale tanto para una mujer? …más allá de su pureza, corte, etc.

- No… responde Eduardo, ahora si con una cara de total intriga.

- Sencillo mi querido amigo…

Para algunos médicos a nivel operatorio, un bisturí punta de diamante… no es más que la obra en sitio del reflejo de la más alta tecnología y precisión.

Para un experto en materiales… la extrema dureza que brinda un diamante, hace del mismo, el material perfecto para trabajar cualquier otro mineral.

Pero, para las damas amigo mío… no hay nada como saber que: "en una piedra casi indestructible… un humano concentro su amor para perpetuarlo en la eternidad… y, mediante cada brillar de la piedra en anillo incrustada, reflejar el sentir de una pasión que latió, late y latirá".

Hermoso no…

Así que si eres un diamante… no te empeñes en ser carbón… y brilla con las riquezas de tu ser.

¿Qué te parece ahora mi intervención?... culmina la oración Marina con una gran sonrisa.

- Increíble. Responde Eduardo…
Todo este tiempo, pensando que me las sabía todas, más una…
Y mira… que tan bajo caí para mantener un trabajo y entrar en una rutina.
De verdad, que solo Dios sabe el camino que estuviese recorriendo…
Pero, nunca es tarde para comenzar…
¿Verdad Alberto?

- Así es, mi estimado Amigo… responde Alberto.
Cuantos errores hemos cometido por ser marginales…
Y no me excluyo de la marginalidad por el hecho de tener un título… pues como Manuel Barroso señala en su libro "La Autoestima del Venezolano" … este término recae en todos los que actitudinal mente así nos desempeñemos… indistintamente del estatus social a poseer, el físico de la persona a disfrutar, etc. etc…

Pues es la conducta, el actuar, la esencia... lo que nos diferencia de los animales... y si no somos capaces de diferenciarnos drásticamente, merecemos el calificativo de "ser lo peor".

Por cierto... al conversar de este punto, me acabo de recordar de algo que mi tío siempre le decía a mi padre:

"Prefiero un discapacitado con actitud, a un capacitado que carezca de esta... pues he de estar 100% seguro que el perseverante discapacitado en algún momento vencerá... mientras el otro acostado ni lo intentará.
Para poner un ejemplo: A un discapacitado con actitud le quitas una pierna y a su trabajo llegará... le quitas las dos e igual trascenderá... pero, un capacitado sin su coche... y con flojera, una ausencia justificadísima al trabajo, brindará.".

- Es así... finalmente estamos llegando a acuerdos mientras nos enriquecemos del saber..., responde Marina.

De hecho, permítanme contarles una anécdota cuando fui Gerente, siendo aún muy joven:

"Un día el mejor presidente que ha tenido la empresa donde laboro... me llamo a su oficina para hacerme saber el mal momento por el que estaba pasando el área que estaba asumiendo.

Me indico que todo el apoyo que necesitase para cumplir con las metas departamentales... lo tendría. Y, que a pesar de que era yo muy joven y tenía muchos gerentes en contra de mi designación... él creía en mí.

Pasaron unos días... me incorporé al departamento... teniendo a una Excelente Directora como supervisora... y, en una de las reuniones procedí a entregarle lo que para mí era la lista de deseos ideal para poder conseguir lo que la empresa buscaba.

Asombrada por el perfecto desglose realizado en cada planteamiento y, por la incorporación firme de una decisión que conllevaba al despido de una persona con una trayectoria de 20 años dentro de la empresa, en donde se dejaría uno de los puesto claves vacíos...

Me pregunto si estaba segura... y yo le dije que si...

Procedió a ejecutar lo que solicité, sin saltarse ningún área involucrada y en una semana la vacante estaba abierta... mientras en el ínterin, debí encargarme tanto de las labores gerenciales como departamentales de la vacante en si... al punto, de cumplir exceso de horas extras en la oficina para avanzar en los objetivos.

Mi Directora, preocupada por mi salud ya pasados algunos días de continuos trasnochos, se acerca y me dice… conozco a una persona que puede ayudarte… la entreviste una vez cuando tenía sus dos manos y sus dos piernas y me pareció excelente por su actitud… no obstante mientras se concluía su contratación (después que esta señora había ya renunciado a su otro trabajo) … sufrió un accidente, perdió a su esposo y la mano con la que escribía…. No obstante, decidí seguir con la contratación… y me funciono perfecto… al punto que saco un postgrado con todo y discapacidad.

De verdad, que es buena… llámala concluyo mi Directora, mientras me hacía entrega de la Síntesis Curricular de esta persona.

Bueno, si es así… déjeme evaluarla, fue mi respuesta… mientras pensaba… como hacía para evadir este compromiso adquirido.

Me retire de la oficina de la Directora, me hice la loca… me fui a la oficina… pero nunca revise la síntesis curricular.

Al día siguiente… me llamo el Presidente de la empresa para ver cómo iba la evolución de los objetivos y le fui sincera… le dije que marchaban bien pero que me estaba reventado para ello… que tenía varias noches sin dormir y el cansancio ya se notaba en mi cara…

Que el mal humor se apoderaba de mí… pero que no se preocupara que yo con mi equipo lo lograría.

En ese instante me dijo: "creo que necesitas ayuda, pero lastimosamente te niegas a reconocerlo".

¡Qué...!!! Respondí... ya le he pasado a recursos Humanos varias veces el formato de solicitud de personal... y nada que consiguen a una persona...

Incluso cuando fui a remover la señora que tenía años aquí... de forma paralela informe la necesidad de contratación de alguien más capacitado para ese cargo... pero que va... ni pelotas me pararon por ser la más joven de la empresa.

En eso... mientras me miraba el show montado, el Presidente de la empresa... me interrumpe y dice: ¿Segura que no tienes a nadie?

Y yo le respondo: 100% segura...

En eso se ríe y me dice: ¿Por qué no has entrevistado a la persona que tu directora te recomendó?

Mi respuesta ya un poco tartamuda: "Es que... es que..."

El Presidente sin dudarlo completo la oración con aquello que yo no quería decir: "¿Es que es discapacitada verdad?... ¿ese es tu problema?... lo que te cuesta decir.

Pues, ante eso solo me quedo decir: si señor...
Y recalque: si los que tengo son capacitados, tiene todo sano... parecen perfectos.... Pero, les cuesta un mundo lograr los objetivos sin una Dirección constante... ¿imagínese una Discapacitada?...
Si le falta la mano con la que escribía... voy a tener que ponerle alguien que escriba por ella (lo que se traduce en un Headcount más abultado que casa matriz no me aprobará) o bien hacerle yo la tarea.

Me respondió, que con la inmadurez vienen las malas decisiones... y que al menos la llamase, la entrevistase, revisase su síntesis la cual él estaba seguro que ni había visto... y que de tener yo la razón para la no contratación... lo llamase que él ponía a todo el departamento de recursos humanos a trabajar en la vacante que tenía.
Que eso era todo...

Salí de la reunión sin titubear... y pensé... "Esta Directora mía si es... ponerme a hablar con el Presidente para que llame a la discapacitada" ... bueno, que más ahora no tengo para dónde agarrar... la llamaré.

Subí, tomé la síntesis... enfocándome básicamente en el número telefónico que aparecía en el papel, procedí a marcarlo con la esperanza que no contestaran y listo... Excusa encontrada... pero, el

Destino me tenía una sorpresa. La señora en el tercer repique me contesto y re planificó su vida para que al día siguiente le entrevistase. A mi sorpresa, al otro día al ingresar a la planta, me percate que puntualmente estaba la señora en el lobby (podría decir que incluso llego una media hora antes de la entrevista), perfectamente vestida y lo mejor... perfectamente preparada para asumir el cargo.

El sueldo que solicitaba estaba en presupuesto, las responsabilidades que venía manejando eran incluso mayores a las que tendría en el nuevo cargo, la empresa donde laboraba era también líder en un mercado, distinto al nuestro... pero con una filosofía internacional similar... en fin, para resumirles... PERFECTA.

Le pregunte por que se vendría a trabajar con nosotros... y me respondió algo que recordare para toda la vida, pues dijo sus 2 razones con claridad:

1. *Estoy cansada de viajar tanto... deseo compartir más tiempo con mis dos hijos... y estoy segura que por vivir cerca de esta empresa y por tener menos responsabilidades internacionales en el cargo... este objetivo personal lo lograre.*
2. *Trabajando para usted, tendré contacto con su Directora... que es la persona más formidable que he podido conocer... ella*

creyó en mi cuando más lo necesite... me dio la oportunidad... y no tengo palabras como expresárselo. Así que, mi lealtad es mi manera de expresarle lo importante que es para mí...

Y, si contribuyendo a cumplir los objetivos de usted... logro cubrir los objetivos de ella... pues seremos felices todos.

En efecto así fue... tan pronto, como se incorporó al equipo los cambios se dieron... los objetivos se cumplieron y bueno... ella hoy está todavía en mi equipo de trabajo y es alguien especial para mí".

- ¡Válgame Dios!!! exclamo Eduardo.
  Tremenda enseñanza que te dieron esos tres...Marina.
- Así fue Eduardo... así fue... respondió Marina... guardando por al menos 1 minuto todo un descomunal silencio.

....

- Ahora bien... aquí pensando sobre todo esto que hemos conversado, solo nos has hablado de 2 de las 3 puntas de tu triangulo Marina y tampoco nos has aclarado ¿cómo llegaste a tener los problemas que nos has mencionado de a poco... con tan excelentes Maestros?... pregunto Alberto.
- Como les he señalado... cada quien decide el camino a tomar o, la mixtura de roles a tener, de lo que estamos aquí tratando... respondió Marina.

Todos los roles, tienen un lado positivo y negativo... pero se tornan siempre a lo negativo cuando abusamos de ellos y los maximizamos.

Es decir... tener un rol del AMANTE puede ser bueno si consigues que te sigan personas con los mismos valores tuyos...
También puede ser bueno cuando calificas a las personas y aciertas en su actuar cual lotería estuvieses jugando... pues con este hecho, por malicioso o simplemente gozar de experiencia, prevés daños posibles a generarte ante el no caer en trampas.

No obstante, también puedes caer en minimizar a alguien sin tener hechos y datos... como me paso en la anécdota anterior, en donde pude haber desperdiciado un talento o incluso buscarme un problema legal si la persona juzgada llegaba a saber que la califiqué con un adjetivo negativo... sin razón e incluso actuando discriminatoriamente.

Y, claro está... siempre será pésimo si piensas que todo el mundo es de color rosa y que todos son buena gente en busca del Amor que puedes otorgar.

Así mismo, el rol del CUENTISTA puede ser bueno cuando emite opiniones positivas... cuando respalda cónsonamente hipótesis bien sustentadas con base a su experiencia.

Cuando evita opiniones negativas de las masas o, las anula con bases legales o conceptos pragmáticos.

Pero, al tornarse negativo... genera falsas expectativas, desmotiva drásticamente uno o más empleados e incluso puede resultar implacable...

Ahora bien, mi problema radica en que soy un 90% del tiempo como este tercer personaje a exponerles:

EL CARTÓGRAFO: Es ese personaje que traza las líneas que describen el planeta en su conjunto o partes del mismo (mapa), con el fin de generar información exclusiva partiendo de las coordenadas latitudinales u longitudinales que le sean entregadas.

Entre mis atributos o los de este personaje, existe el poder de transformar un simple documento en algo histórico, en una obra de arte, en algo esencial para un navegante (como lo es un Mapa) y hasta ¿por qué no?... algo a ser investigado... como los famosos mapas del tesoro que reflejaban las caricaturas de piratas que veíamos cuando niños.

En mi interior... me es fácil generar normas y procedimientos a seguir, las cuales no quebrantaría fácilmente, principalmente por ser la autora.

Somos esquemáticos y tenemos un nivel de rigurosidad tan elevado... que no puede faltarnos en nuestra vida un ABC similar al requerido para la elaboración de cualquier mapa.... Al punto que, utilizando la misma parábola de un cartógrafo, me permitiré mostrarle, lo que para mi vida es esencial:

1. **Un nombre de la Carta o lo que coloquialmente podemos señalar como el motivo principal por el cual debemos o tenemos que reunirnos utilizando alguno de los medios de comunicación posibles.**

    Sin este punto activo, posiblemente el Cartógrafo... caiga en estado de locura... pues su vida gira en torno al continuo enriquecimiento de su ser... al continuo planteamiento de nuevas metas personales, laborales, deportivas, etc. a ser cumplidas.

    Su paranoia es tal que, difícilmente cuando se le mete algo en la cabeza... pueda ser superado por algunos de las personas que interpreta el rol del Amante o del Cuentista.

    Normalmente buscamos ser los mejores en todo, cueste lo que nos cueste... señala Marina.

Y por ello, lo primero que aprendemos es quitarnos el corazón... o cambiárnoslos al lado derecho, para que no nos moleste.

Lo malo... es que, si por ejemplo alguien necesita de nosotros y convoca a una reunión, para temas en donde probablemente no existan puntos de interés al logro de nuestros objetivos... si tenemos que asistir lo haremos porque forma parte de nuestra cultura... de hecho llegaremos puntuales... pero, mientras la gente conversa... Nos veras con el teléfono en la mano y una laptop, escribiendo.

Revisando la agenda, etc... en la búsqueda de temas que si sean de nuestro interés.

Es decir... nos aislamos...para volver mentalmente a nuestro espacio... aun cuando físicamente no estemos.

- Alberto, en ese momento interrumpe diciendo:
Marina, pero eso es mala educación...
Y noto con preocupación que utilizas palabras como "Locura, Paranoia, quitarse el corazón, entre otras que no precisamente son de gente normal".
- A lo que acota Eduardo enseguida:

Efectivamente Alberto... y lo critico es lo que lo dice tan normal.

Cuando debería estar preocupada.

- Marina... proactivamente y sin ninguna pausa... señala:

Lo estoy muchachos... lo estoy...

Por qué el tiempo pasa y me siento cada vez más sola... enferma.

Veo que hay líderes carismáticos que van a su trabajo y lo disfrutan mucho más que yo... Y no porque yo no amé lo que hago... si no por que quienes le rodean, le hacen el ambiente mucho más placentero.

Logran los objetivos... con menos dolores de cabeza que yo.

Pero... ¿Cómo lo hacen?

Tristemente debo de decir no se...

- Alberto, mira a Eduardo detenidamente y le dice...

Yo si...

Sencillamente es una receta como la del Café...

Cada uno de nosotros conformamos un ingrediente... Alguno será el agua, otro será el Café y el último será la Azúcar...

Si le ponemos mucha Azúcar o Amor al trabajo, a los compañeros, etc…. quedará tan empalagoso que repugna y se deja. Y, si no le ponemos, solo algunos pocos le tomaran.

Si le ponemos mucha agua... u opiniones... crearemos un entorno en donde... la consistencia y la textura del café se pierden...

Si no le ponemos será imposible hacer el Café...

Y, ya para concluir... el café...
La esencia de lo que pudiésemos denominar, una empresa.
Los números... la rentabilidad de la organización... el crecimiento... el trabajo... LOS HECHOS Y DATOS.

Si son Cafés grandes o pequeños acorde al sitio donde fueron cultivados... generaran mayor o menor productividad.
Si tienen olores o sabores frutales o florales... se segmentarán acorde a los diferentes mercados existentes o gustos... y, si se mezclan, podrán ser como esas versiones especiales de las principales casas de whiskies... en donde el consumidor paga más por el hecho de experimentar.
Si se venden en granos o molidos... tendrán también diferentes atractivos y, si se les incluye un empaque interesante... valga saber Dios a donde irán a parar dentro o fuera del país.
Acorde a la calidad del mismo... se otorgarán diferentes precios, y esto dinamiza el mercado haciendo interesante en un mundo tan competitivo.
Y, ya para concluir... lo más importante... El Café es para los que realmente desean y les gusta el Café.
Por ende... hay que dosificarlo perfecto, tal y como se hizo con el agua y el azúcar. A fin de dar

ese toque rico al paladar para un número de catadores "X" que deseemos en nuestras vidas...

¿Es así Marina?

- Así mismo es Alberto... responde sonriendo nuevamente Marina.
Maravillosa intervención.
Lo único... jajajaja es que te me adelantaste y no me dejaste seguir con los puntos claves del rol...
Qué bien... te continuare mencionado...
- Perfecto Marina, jajajaja... prosigue, señala Alberto.
- Pues... como les decía, una vez visto el primer punto debemos de entrar a fondo con los puntos siguientes, los cuales son:

   2. **El Código de la carta dado que todo, para el Cartógrafo ha de tener como los auditores lo señalan, trazabilidad.**

      No es posible que se emita un memo... sin un número para ser rastreado.
      Un correo sin que se le coloque "Primer comunicado... Segundo comunicado... Ultimo comunicado".

      Jajajaja ustedes me dirán loca... pero solo cuando la gente ve que el número va incrementando... Es que caen en alerta.

Hagan la prueba… soliciten una información importante para una toma de decisión, pasando un correo que dice tan solo como asunto: Requerimiento de información para Presidencia… y verán que solo pocos le contestan en el acto…

¿Pero cómo?... si es para el Presidente!!!... ya verán… esto pasa… y hace que a uno le dé una rabieta.

No obstante, pasado un día o unas horas… pasen un nuevo correo señalando: "Ultima oportunidad para brindar la información a Presidencia" …

Y voila… como acto de magia aparecerán los perdidos.

Por qué no hay nada que a la gente le emocione más que trabajar… por coerción… en contra tiempo… arriesgando su posición.

Y, eso no es solo en Venezuela… es en muchos países… lo único es que ellos no venden esta cara… y a nosotros nos encanta venderla.

3. **Una escala numérica, una gráfica y el Origen…** que traducido no es más que:

Colocarle una Leyenda al eje de las "X", una al Eje de las "Y" y otras para la fuente de la información... a fin de tornar todos los resultados que tenemos en Gráficas...

Buscando que la vida sea más sencilla... pues si ves rayas para arriba, en un tema de ganancias... vamos excelentes...

Si son hacia abajo en el mismo tema... Estamos mal y hay que ponerle más para levantarlas y/o cambiar las estrategias...

Y caso contrario, si el tema es algo como "Accidentes Laborales" ... sencillamente antagonicen los significados de las rayas que les di...

Para concluir... la fuente es siempre importante... Quien elaboro la información, de donde fue recabada... en qué periodo... a fin de ver y valorar todo el contexto.

4. **Un Sistema de Conversión nunca está de más**...ustedes saben... cuando se le coloca MM a Miles de Millones, o cuando se habla de grados Fahrenheit y uno normalmente lo ve en Celsius... o de Bolívares a Dólares, etc.

   Cada detalle nos importa para internamente procesar nuestros análisis...

pues, si bien tenemos la capacidad de ser autodidactas y conseguir estos factores de conversión por Google…

Nuestro tiempo vale… y, si te pagamos a ti para que hagas las gráficas… hazlas bien… o vete, para que yo me encargue o busque a otro.

5. **Logo de la Institución….** Pues estamos identificados con lo que hacemos.
Si no tiene logo… entonces es de un tercero… por ende que hace encima de mi escritorio.
Y, si un tercero emite presupuestos con su logo… facturas con su logo… memos con su logo… ¿Por qué nosotros no?
¿Acaso ellos son más que nosotros?
No… No… no… Jamás el permitir que otro se crea o sea más que yo.
Por ende… que le corten la cabeza al que no se identifica con su empresa…

6. **Notas de la institución y/o lo que pudiésemos traducir como las normas y procedimientos de la Organización,** las cuales están presentes durante toda la jornada laboral y, deben de ser acatadas por trabajadores y visitantes mientras estén en las instalaciones.
Somos fieles garantes de las mismas en todo momento… y cuales paladines, las defenderemos.

7. **Notas complementarias, son aquellas que traducimos como los deberes y responsabilidades que vienen con un cargo... sin que necesariamente estén presente en la descripción expuesta en papel o contrato.**
Son aquellas que evocan los valores mínimos a tener... y que más adelante conversaremos para que me entiendan mejor... señala Marina con un tono que denota seriedad y respeto en el asunto tocado.

8. **Las solicitudes a los usuarios... siempre las hacemos por la vía formal y ante todo con respeto... teniendo presente las normas básicas de Educación** como lo son el saludar con un buenos días o buenas tardes ante el inicio de una charla, despedirme con muchas gracias por su tiempo al cierre de una reunión o carta, utilizar un por favor nunca está demás, etc.

Y es que lo cortés no quita lo valiente... No obstante, como comúnmente nos encontramos con personajes que carecen de esto... solemos ser prepotentes exigiéndoles el retorno del saludo para de esta forma, educar al que nos rodea hasta que lleguemos a un nivel como el de los países europeos en donde, un carro se para a 3 metros del rallado de cebra para el cruce peatonal, para no invadir el espacio del peatón.

En donde las mujeres embarazadas y los señores de la tercera edad... pueden, en cualquier lugar, contar con un asiento seguro no porque el gobierno lo garantice preferencialmente en un espacio reservado... si no porque sobraran personas que se levanten a entregar su asiento.

O bien... donde indistintamente del color de piel, partido político o religión... sintamos respeto por el otro aun cuando existan diferencias en pensamiento.

Ese es el país que deseo... la empresa que quiero... la persona que debo tener al lado... Y, si no son capaces de esto... que se marchen.

- En cierto Marina, lo que dices... acentuó Eduardo.
No obstante, una vez visite Alemania y la experiencia no fue tan buena como dices y comparas.
De hecho, diría que su educación está hoy entre las peores del mundo principalmente porque cuando visitas un lugar, el racismo o xenofobia aflora sin piedad...

- ¿Cómo es eso Eduardo?... pregunta Marina con cara de preocupación.
- Bueno Marina, simple...aun cuando hay organismos internacionales como la ONU, FIFA, Unesco, etc... que constantemente pregonan el no racismo... existe un universo de personas que practican y perfeccionan este, a diario... tal es el caso que te voy a contar, el cual me ocurrió no en un pequeño restaurante metido en un suburbio de Berlín... no, no, no... para nada... por el contrario te hablare de una de las Cadenas más grandes y prestigiosas del Mundo, como lo es Hard Rock Café, en donde la educación, decoración y comida están estandarizadas, poseen tremendo slogan que habla de una cultura perfecta, como se traduce cuando se lee en los menús: "Love all, Serve all" and "All is one" que traducido acorde a mi mediano inglés significa: Ama a todos, Sirve a Todos, Todo es uno... pero, que sus empleados no lo practica... al menos en esta ciudad.
- Pero... insisto, ¿Por qué lo dices Eduardo?, pregunta nuevamente Marina.
- Eduardo responde: Una gélida noche, caminé no menos de 2 kilómetros con la intención de conocer este restaurant del cual era hasta ese día fan... al llegar entre a la tienda de suvenires a comprar unos recuerditos para la familia e inmediatamente después de pagar me dirigí a lo que era la recepción para poder comer algo antes de retornar al hotel.

La alegría de estar allí duro poco, pues fui recibido por una española que fungía como la encargada de asignación de mesas o barra del lugar, la cual al hablarle, para solicitar el ingreso al recinto, inmediatamente se percató que yo no era alemán y por mi físico... claramente tampoco era de la Elite Europea... no obstante, para mi ella también era una simple emigrante con un a lengua madre como el español, spanish o como le deseen decir... y, un dominio mediocre del inglés o alemán, acorde a lo que había también percibido mientras hacia la cola para hablar con ella.

Me indica, que tenía que esperar 45 minutos afuera dado que no había mesa disponible... procediendo al mismo tiempo sin dudar, a entregarme un aparatico de esos que vibran y prenden cuando eres llamado... con un alcance lo suficientemente largo como para esperar en la acera del frente del Restaurant... pero, con el frio que hacía que era como de -14°C... ¿Quién iba a querer esperar afuera?

Por lo antes expuesto, me entretuve revisando otros suvenires en un pequeño córner que tienen para hacer tiempo mientras, una de las personas que andaba conmigo si compraba algunos detalles y el otro amigo, me interrumpía al darse cuenta que los que eran alemanes pasaban directo a comer, en cantidades varias y con total descaro...

auspiciados con preferencia por la española, mientras a nosotros nos hacían esperar.

De hecho, el amigo que se me acerca, me recuerdo bien que me interrumpió gritando: EDUARDO, TU SI ERES BOBO… para que te anotas en una lista si la gente pasa sin anotarse.

Cierto, le respondí… ya vengo.

Procedí a acercarme a la anfitriona y a decirle que porque ellos ingresaban directos y yo no…. Sin pensar que de forma… limpia y clara… respondería: "porque usted es sudamericano y ellos no; si les gusta bueno y si no puede marcharse".

Al escuchar eso… Explote de rabia y le entregue de muy mala manera el aparato que me había entregado… le di la espalda y le dije a mis amigos que nos fuésemos del sitio.

- Pero… por que no solicitaste hablar con el Gerente Eduardo… interrumpió Alberto.
En esos países hay leyes en contra del racismo. Pudiste hasta demandar esa muchacha…

- Marina… procede a contestarle a Alberto, mirándolo fijamente:
Lo que pasa Alberto, es que no estamos acostumbrados a hacer respetar nuestros derechos. Nos hemos acostumbrado a que nos

pisen y hemos terminamos viendo eso como lo normal… la regla.

Eso, precisamente es otra de las características del rol del Cartógrafo que suele molestar a la gente.

Para nosotros la excepción es solo eso… una excepción… algo esporádico por lo cual una norma, una regla o un procedimiento puede flexibilizarse. Ahora bien… si es continuamente violada por todos… o cambiamos el procedimiento o, nos llevamos por los cachos al que constantemente infringe la norma… Y en Venezuela la excepción termina siendo la regla… lo que se traduce en mucha gente que me he llevado por delante, pues tiempo no hay para rehacer constantemente los procedimientos…

No obstante, analizando el comportamiento de Eduardo, asumo que lo que pudo pasar, es que: Fueron tan buenos los servicios recibidos por el resto de las personas durante toda la jornada que aun cuando lo que le hizo la señora… le molesto… no, causo que rebozase el agua del vaso como para generar un conflicto mayor.

De hecho, a esto solemos llamarle efecto de la Calidad del Servicio y, trae consigo que un cliente termine comprendiendo los problemas que le han afectado e incluso los justifique cuando, en términos generales considera que ha recibido más

de lo que espera por un lapso de tiempo... o, bien porque su percepción del servicio ya está satisfecha, concluye Marina.

En eso, se aproxima nuevamente el Sr. Ricardo a la mesa... y con la misma voz pasiva que le ha caracterizado... les dice a Marina, Eduardo y Alberto:

- Señores... ¿qué les han parecido los cafés y los panecillos?
  ¿Les han gustado?

Eduardo, que era el que más panecillos había llevado a la boca...responde:

- Espectacular señor... muchas gracias de verdad... estaban exquisitos.
  Tanto o más que el conocimiento obsequiado por usted.
- De nada joven...
  Siempre para servirles...
  Lo importante es que tengan en cuenta que las verdades más duras, deben decirse fuera del lugar normal de trabajo y con la sinceridad serena del caso... responde el Sr. Ricardo.
- Valga me diosss. Jajajaja responde Alberto.
  Usted si tiene cosas... ¿sinceridad serena?
  Jajajaja....
- Claro muchacho... Sinceridad Serena... si yo les hubiese dicho que se marcharan del lugar por los continuos problemas que tenían entre ustedes... seguramente hubiese perdido a tres clientes potenciales e incluso hubiese corrido el riesgo de

que alguno de ustedes me diera una golpiza... me rompiera algo de la tienda... etc.

No obstante, decidí llamarlos a la reflexión... haciendo que pensaran sobre su actuar, los invite con cerebro a la tranquilidad... a la serenidad... y, al menos por un segundo sé que fui más inteligente que ustedes, aunque no tenga título...

Eso... lo da la experiencia... pero, debe de conocerse el concepto.

Ahora ustedes lo conocen...

Y es una de mis claves del éxito... concluye el Sr. Ricardo mientras, le picaba el ojo y se reía de lado... a Alberto.

A todas estas... Marina, solo se regocijaba al ver como el ambiente había cambiado... y como Don Ricardo... (Pues para ella ya el prefijo de señor no era suficiente), seguía haciendo de las suyas con pequeñas participaciones en la conversación que, dejaban alto impacto cognoscitivo.

En eso, sube la mirada... ve el viejo reloj y se percata que ya están entrando las horas del mediodía... razón por la que finalizando sus líneas el dueño del local, se dirige al mismo diciendo:

- Disculpe, Don Ricardo que nos recomendaría para almorzar...
  No tengo la carta a la mano, pero confió en la sugerencia del propio Chef.
- Jajaajaja que señora tan bella....
  Oro puro que se pule con facilidad...
  Aprendes rápido y te adaptas a los cambios cuando te lo propones...

Hace una pausa… y dice:

Para ti tengo, milanesa de pollo con arroz y ensalada mixta como guarniciones.
Y para beber… cualquier jugo que pueda prepararse con las frutas frescas que están en aquel exhibidor… Usted me indica.
¿Le parece?
Y para los señores… puedo preparar un Lomito en salsa 4 quesos, con papas fritas y arroz como guarniciones.
Y de beber… exactamente lo mismo que a la señora… el jugo que prefieran.

Alberto, que era el de las opiniones recurrentes… pregunta:

- ¿Por qué a ella pollo con ensalada de guarnición y a mi Lomito con papas fritas?
  ¿Qué lo llevo a esa conclusión?

Nuevamente riéndose el Sr. Ricardo responde…

- La observación… mi amigo.
  La señora se ve que cuida su figura… y pareciese que esta de dieta…
  Por ende, cuando analizo esto y lo comparo con la mayoría de las señoras que vienen aquí de iguales proporciones… que, piden pollo y ensalada… aumento, mis probabilidades de éxito.
  ¿No es así Sra. Marina?
- Es así… Don Ricardo… responde Marina.

Mi pedido está perfecto.

- Ahora bien... cuando me voy a ustedes dos, como no tengo punto de comparación exacto dado a los diversos menús que piden personas de su contextura; me voy con lo mejor que puedo preparar y normalmente acierto.
- ¿Y el Arroz de Marina y de nosotros?... pregunta Alberto.
- Fácil... cuando ya no queda opción, utilizas otras estrategias como la de mencionar la guarnición en un sitio diferente a la ofertada a otra persona... para que suene innovador y se venda...
No obstante, sigue siendo el mismo arroz.
¿Comprende?... a eso se le dice Marketing de Ideas... y me lo enseño un experto en Branding... que suele visitarme.
Realmente no se en que trabaja... y que significa Branding... pero, debe ser algo bueno si tan solo con una clase, me ha ayudado a sacar provecho.
- Bárbaro... responde Eduardo.
Tráigame su recomendación...
E incluso el jugo prepárelo con la fruta que usted considere en mejor estado...
- A mí también... responde Alberto.
Me ha convencido... pero, el jugo tráigamelo de patilla.
- A mí un melón sin azúcar Don Ricardo, se suma diciendo Marina.
- Perfecto...
Ahora bien ¿les traigo el Jugo de una vez o con la comida?... añade el Sr. Ricardo.

- Con la comida está bien, les parece chicos... responde Marina.
- Si... si... añade Eduardo.
- Ok, nos vemos en unos minutos dice el Sr. Ricardo. Dándose la vuelta para ir a la cocina.
- Y bien... proseguimos muchachos:

Como les decía... son "n" las características del rol que interpreto y entre otras tantas están:

9. **Lo que considero, Derechos reservados:** que no es más el hecho de entregar información confidencial a personas claves de la organización para que las mismas generen soluciones y/o tomen medidas hasta el momento cuando se autorice la divulgación pública.

   Ahora bien, pareciese que cuando uno da una información con la palabra CONFIDENCIAL... dijese IMPRIMASE y PUBLÍQUESE INMEDIATAMENTE.

   Pagándose este actuar caro... si están bajo mi mando.

   Y como punto Decimo ya para concluir algunas de las características bases de mi rol, puedo señalar que Konrad Adenauer una vez dijo: "La historia es la suma total de todas aquellas cosas que hubieran podido evitarse."; razón por la que he siempre concluido que **el análisis**

detallado de los antecedentes, es lo que me permitirá incrementar la probabilidad de éxito... tal y como el mismo Don Ricardo, acaba de comprobarnos.

Por ello... si hay antecedentes tráemelos... y si no hay antecedentes directos, debe existir al menos un marco teórico o referencial con conclusiones publicadas que, pueden perfectamente acoplarse en el proceso innovador.

Si no lo haces... eres un flojo que hecha su destino a la suerte... y la suerte es solo eso... una palabra en un millón de posibles que te condenaran al fracaso.

Si deseo Suerte... compro la Lotería, para ver si me la gano... Si deseo el Éxito, contrato seres responsables que me lleven poco a poco al sitio que deseo... y no inútiles que le hagan publicidad al azar.

Esto, como ven son solo unos aspectos de Una Cartógrafa desmedida... y despiadada... no obstante y para mi consuelo, les aseguro que no soy la única que se conseguirán en el camino.

- Pero, a todas estas ¿qué es lo malo Marina?... responde Alberto.
- ¡No ves Alberto!!!... responde Eduardo.

Esta señora le acaba la vida a cualquiera con todo lo que pide, con esa forma de trabajar tan metódica, con ese pocotón de políticas... y peor aún, normas que solo ella conoce.

A simple vista... te puedo señalar que busca que la información sea:

Ante todo, formal (es decir la palabra no cuenta, salve que existan testigos).
Confiable en base a históricos... y si no los tienes fabrícalos.
Con un alto grado de hermetismo si así se necesita... pero, ¿desde cuándo un analista es personal de confianza y posee atributos que lo obligan a ser hermético? ¡Que tal!!!
Y sigo:
Que te comprometas con los resultados a un punto tal que te quedes trabajando hasta tarde si es necesario... pero ¿esta ella dispuesta a pagarme las horas extras?, ¿a darme la cena por quedarme hasta tarde... y/o a pagarme el taxi para que me lleve a la casa pues vivo en un lugar inseguro y el transporte público trabaja hasta temprano?
O sencillamente... el día de mañana darme la Gracias...

Te exige que no te salgas de los procedimientos a su conveniencia, pero, ¿salir tarde es incumplir el horario?

De ñapa, quiere violarte con sus normas, pero desea que estés identificado... es decir, con una sonrisa en la cara producto del trasnocho laborando, de no haber podido cenar con tu familia, de saber que el dinero no te alcanza para el vestido de noche que tu esposa desea comprase para la boda de Manuela... y/o para cubrir los gastos de condominio o el colegio del niño en donde debes dos cuotas.

Pero, ante nada... lleva el Logo de la empresa con Orgullo... en la frente, alma y corazón.

Sumado a esto, como no tiene tiempo para tonterías... tienes que tener un alto grado de practicidad durante cada objetivo planteado, pero, sin quitar los detalles que son claves.
Es decir... Resume hijo... que yo solo tengo tiempo para tomar decisiones importantes... el trabajo tonto es tuyo.

Y para concluir... Que todo pueda ser auditado y mantenga trazabilidad... especialmente aquello que está directamente vinculado al logro de los objetivos, pues si te equivocas... Te corta la Cabeza.

Que joyita de jefa nos gastamos de amiga...

Y eso sin entrar en otros detalles que ha mencionado parcialmente desde que estoy aquí... pues, seguro que conversando sola contigo te dio

otras pistas, pero, por ser puro Amor tu... ni te diste cuenta, Alberto... concluyendo así su intervención Eduardo.

- Rayos... tienes toda la razón Eduardo... responde Alberto.
  Si no me quito rápido el Armazón de Amor que tengo puesto... jajaja... me las van a hacer una y otra vez.

- Así mismo es, respondió Marina colocando su acostumbrada Póker Face (ustedes saben esa cara que no expresa absolutamente NADA).

Debes Alberto, abrir más esos ojos, esos oídos y desarrollar más ese instintivo olfato que nos dice cuando algo va bien o no... para ser un mejor profesional pues, te he puesto todos los defectos o virtudes en la cara, pero aun no puedes verlos sin ayuda...

Si bien eso es normal y no te juzgo por el rol de AMANTE que ocupas... debes a partir de hoy pensar un poco y evaluar si realmente tu Jefe tiene tiempo para preguntarse ¿Por qué actúas así?... ¿si entiende tus razones?...

Si la respuesta que obtienes es positiva, excelente... dado que implica que tu Jefe está en ese 5% de los que llegan al umbral de entendimiento... pero, si la respuesta que obtienes es negativa, preocúpate y preocúpate bastante... pues sencillamente conversará tu caso con otros colegas para que estos sin ser tus jefes inmediatos te midan desde lejos y brinden un apoyo simbólico a la decisión que trae en mente; la cual es muy probable que venga acompañada de un despido o Good Bye... "si te he visto no me recuerdo", pues su alma estará en Paz con una decisión expuesta colectivamente.

- Y ¿qué pasa si son los empleados los que cuestionan el actuar del Jefe?... ¿Si no entienden las razones del actuar?... señalo Alberto mientras abría ambas manos en ese típico gesto que afianza un ¿Por qué?... y se mordía el labio superior al concluir su intervención.

Suspira Marina...

- Paralelamente debiste haber pensado eso también... no obstante, como en mi caso no lo hice, me he quedado tristemente sola...

Pues al tener poder, los argumentos de los otros no me valieron...

Los destruí a la mínima muestra de una conducta negativa o reactiva, a lo que consideraba mi placer y deseo. Cortar cabezas es fácil cuando te acostumbras...

Posteriormente, llegarás a tu casa... abriros una botella de vino, colocaras música para relajarte, cenaras algo ligero y continuaras actuando como en el trabajo, dándote al final cuenta que estas vacía.

Ni tus hijos te llenan, ni tu esposo… ni tu perro.

Seguirás pensando noche tras noche en cómo cambiar el mundo… pero realmente solo te enfocaras en el trabajo y como continuaras resolviendo lo que dejaste pendiente hoy, bien por estar atrasado… o bien por que pueda ser mejorado.

El tiempo libre es un dolor de cabeza… pues precisamente es eso, perder el tiempo… y si el tiempo es dinero… los sábados y domingos… sencillamente se pierde dinero.

El sueldo no te alcanza… no por ganar poco… si no porque hasta para soñar se necesita tiempo y planificación… y como el sueño es otra forma de perder dinero, entonces… mejor se gasta el dinero con caprichos no necesarios.

¡Ustedes saben!!!… eso que terminamos haciendo para seguir impresionando a personas que no nos interesan… mientras, las que verdaderamente importan… se queda en el abandono.

Y, lo peor acorde a mi criterio es que aprendemos a vivir así y vemos como extraterrestres aquellos que disfrutan en una playa con 20 amigos… ustedes saben esa misma cantidad de amigos que dedos en mi cuerpo… ¡una locura!!!

¡Extraterrestres también los que conviven con sus padres teniendo 40 años mientras los estadounidenses ya a los 16 están corriendo a sus hijos... Ja!!! Hay que ser muy chulo para estar con tus padres en tu cuarta década...

¡A los que pasan un domingo en la Iglesia... válgame Dios y que me perdone... un día entero en la Iglesia que tortura!!! ¡Y, de paso pagan el diezmo a un pastor, la ofrenda a un cura, etc... es decir... terminan pagando por los consejos, en el nombre de DIOS!

A los que se van a un cine a ver una película cuando para eso tenemos el Pay per View...

Y, dígame esos que se visten de payasos para ir a los hospitales a "dar alegrías" ... Esos sí que están dementes... regalan el tiempo a personas que jamás volverán a ver... cuando sería más fácil aceptar que les gusta el disfraz de payaso... e ir de una vez a buscar empleo en un circo... para al menos cobrar.

Jajajaja... sé que sueno bizarra... pero, ese es el único rol que me enseñaron ejecutar para ser una Directora.

Ahora bien, al verlos ustedes me puedo dar cuenta... que estoy bien equivocada en mi actuar... y que debo revisar los valores que tengo que representar... pues, estos que les comente... definitivamente no me llevan a nada bueno.

De aquí, que me gustaría que me ayuden a redefinirlos y hacerlos mandamientos como la tabla de Moisés. ¿Les parece?

- Claro Marina, encantados ¿verdad Alberto?... respondió Eduardo.
- Por supuesto... cuenten conmigo, no obstante, debo aclarar que con hambre... no pienso, acoto Alberto.
  Así que llamemos al Sr. Ricardo para ver cómo va el Almuerzo.
- Seguro...
  Sr. Ricardo…. Disculpe... cómo van los almuerzos... señalo en voz alta Eduardo.
- Sirviendo... se alcanzó a oír a lo lejos...
  En 5 min... en su mesa... contesto Don Ricardo.
- ¿Pues continuamos? O ¿esperamos? Acentuó Marina... mientras procedía a encender otro cigarrillo.
- Continuemos Marina... dice Eduardo.
  Sin embargo, antes... me gustaría conocer ¿desde cuándo fumas?
  Hace 18 años eras la más sana del grupo.
  Puro deportes, cero bebidas alcohólicas... bailabas a mas no poder y por supuesto... no aceptabas que nadie se te acercase con un cigarro en la mano por que te ponía la ropa con mal olor.
  ¿Qué pasó con esa que conocía?
- Fácil... Eduardo.
  Cuando entre a la universidad mis padres pasaron por un mal momento... y decidieron separarse...

La crisis se apodero de mi hogar y el dinero que existió en algún momento para mis estudios se desvaneció.

Tenía dos opciones... o continuaba mis estudios en la universidad privada en la que había empezado o... me salía y esperaba un año para ver si ingresaba a la pública.

Decidí irme por la primera opción... continuar.

Enseguida, toda la familia me cayó encima diciéndome que estaba loca pues... si decidía trabajar para pagar la matricula... ¿Cómo estudiaría? Y si me dedicaba a estudiar ¿Cómo pagaría?

En ese momento aprendí dos cosas para **superar la Fase I de todo Emprendedor:**

> a.- El emprendedor, tiene dos enemigos constantes ante una idea: la familia que pone el primer obstáculo y, el miedo a recorrer lo desconocido.
>
> b.- Si no vas a apoyar una idea o a brindar soluciones... cállate.

No les pare y decidí arriesgarme... descubriendo que había ganado la primera batalla, pero, que continuaba sin solución alguna.

Procedí a hacer múltiples síntesis curriculares y a dejarlas por todos lados... empresas grandes, medianas, pequeñas y hasta incluso en buzones o casilleros de prensas, compañías de envíos, etc... a fin de encontrar rápido una solución.

A mi "suerte", según comentan quienes vivieron conmigo esa etapa... conseguí trabajo en un bingo el cual pagaba un poco más de sueldo mínimo más el bono nocturno, brindaba servicio de transporte a sus empleados, seguro de cirugía/accidentes personales y, lo mejor de todo: La oportunidad de recibir propinas... que, era lo que al final me ayudaría a completar la matricula.

El trabajo era de siete de la noche a tres de la mañana y contemplaba servicios rotativos, es decir... lunes, miércoles y viernes era mesonera... martes y jueves operadora de máquinas de ruleta y póker y los sábados para quien gustase un ingreso adicional... se podía trabajar vendiendo cartones del bingo.

Como verán... yo no tenía muchas opciones y si un gran compromiso conmigo misma... así que trabajaba 6 días a la semana.

Me encantaba en un inicio, vender los bingos el día sábado pues si el cliente tenia suerte... sin hacer nada me regalaba una buena propina... pero, con el tiempo me di cuenta que todo el mundo se peleaba por ese cargo... quizás porque pensaban igual que yo.

Así que decidí ser la mejor mesonera... pues allí era donde dedicaba mayor cantidad de tiempo. Comencé, solo con llevar la carta a los clientes y esperar el pedido... pero me fue mal versus mis expectativas.

Evolucione a la semana y, no solo llevaba la carta a los clientes, sino que de una vez les incorporaba pan y mantequilla (que a la larga se les facturaría) para que mientras escogían picaran algo... y descubrí que me comenzó a ir mejor.

La tercera semana, ya no solo llevaba la carta con el pan... sino que metía agua potable de una vez en las copas de cada comensal (en vez de la jarra con agua común) y les proponía a los clientes lo que a mi criterio era lo mejor del día... y, válgame dios... comencé a llegar a los números que deseaba.

Ya, para la cuarta semana... todo era distinto... los clientes habituales les decían a otros mesoneros que querían que yo les atendiera... y yo por supuesto seguía haciendo lo mismo... pero, con la salvedad que me aprendía los platos preferidos de aquellos que mejor daban propina...
¡Eso, sí que les encantaba...!!! Exclamo Marina... llena de felicidad...
Cuando antes de comenzar a hablar... ya yo les decía el menú exacto que habían pedido con anterioridad... sus caras les cambiaban... pues se sentían especiales.

De hecho, una vez me paso que llego un señor que era cliente habitual, con varios amigos, y empezó a exclamarles y decirles antes de que yo llegase a la mesa... lo que él pediría...

A mí sorpresa cuando llegue... me señalo:

"Niña... acabo de apostarle a mis amigos el equivalente a 1.000 dólares, a que adivinas que es lo que pediré" ... Si gano, la mitad es tuya... si pierdo... pagamos la cuenta entre los dos... ¿Te parece?

Jajajaja y como no parecerme conteste... si me lo sé de memoria... y no porque nos hayamos puesto de acuerdo o porque me lo pasase usted por mensaje de texto (pues si bien existían celulares... no me alcanzaba la plata para comprar uno y mantenerlo) ... digamos más bien que es Inteligencia Comercial, la razón por la que me lo he aprendido.

A tal efecto, les recitare el pedido del señor a cabalidad... esperando fielmente ser la ganadora de la apuesta o tendré que quedarme a lavar platos por muchos fines de semana...

Se rieron bastante de mi elocuencia... al punto que me hicieron dudar de si reconocerían o no mi victoria, pero a mi sorpresa al momento al momento de emitirle la factura con la cuenta...

adicional al monto total a pagar, se encontraba la propina que me adjudicaba el señor normalmente más, la mitad del dinero que había ganado...

Fue tanta mi felicidad... al ver el pago total de un trimestre de universidad en 1 hora de atención... que pedí un permiso, salí un rato del establecimiento... me senté en la acera de la calle, mire la luna y llore mientras no paraba de observarla.

Pasados unos minutos, me percate que estaba a un lado el vigilante que se encargaba de cuidar la puerta trasera del local, por donde entrabamos y salíamos; se encontraba fumando teniendo al cigarro como única compañía...

Me le acerque lentamente y le pedí que por favor me regalase un cigarro, mientras secaba mis lágrimas...

Me observo, revelando con sus ojos el interés de conocer ¿Por qué yo lloraba?... sin embargo, no pregunto nada y procedió a sacar uno de la caja semi-vacía y arrugada que tenía guardada en el bolsillo superior izquierdo de, la camisa azul marino que pertenecía a su uniforme.

Puso en su boca el Cigarrillo, saco una caja de fósforos... del bolsillo derecho de su pantalón negro carbón... encendió uno, escondiendo con gran habilidad el fuego del viento... en una especie de cueva que construyo con sus manos para tal fin.

Inhalo el cigarro... hasta que finalmente el tabaco encendido quedo, procedió a entregármelo y sin la más mínima idea de cómo se aspiraba...le di un primer bocado para seguidamente atorarme y toser.

Observándome detenidamente rio... sin pronunciar palabra alguna, le di las gracias envuelta en pena y me fui con mi cigarro en mano a practicar a una esquina opuesta a la del señor.

Desde entonces, convertí al cigarro en uno de mis mejores amigos y acompañantes... pues para estudiar tenía que mantenerme despierta desde las siete de la mañana hasta la una de la tarde.

Segmentaba mí dormir en 3 horas en la madrugada y 4 en la tarde...

Asistía solo a las materias prácticas pues desarrolle un avanzado método de lectura para aprenderme en la mitad del tiempo lo que otros hacían en una jornada.

Los domingos eran para estudiar a profundidad aquello que someramente había ojeado en la semana y claro está, para verdaderamente dormir y compartir con la familia...

Pase 5 años de mi vida... teniendo una taza de café de un lado, un cigarro en la mano izquierda y... libros y más libros en mi mano derecha hasta que finalmente logre graduarme... comprendiendo que, sin percatarme de los hechos oportunamente, había pasado la fase dos y tres de todo emprendedor.

En cuanto a mi **Fase II**, es aquella cuando una vez iniciado el camino... comienzas a darte cuenta que no es tan fácil como conceptualmente lo visualizaste... aparece el arrepentimiento e incluso, terminas por abandonar.

Ahora bien, ¿Cuál fue la clave del éxito para superar la fase dos?... fácil, como no quería que todo el sacrificio ya vivido fuese en vano... que cuando abandonase la universidad, toda mi familia se burlase de mí y me dijese "Te lo dije" ... solamente se me ocurrió, continuar... y disfrutar sin mirar para atrás o mucho pensar...

- Aja Marina y **¿cuál es la fase Tres?...** pregunto Alberto
- Cuando sientes que ya alcanzaste la meta, pero no es así... y comienzas a disminuir el paso... pudiéndose en este caso... perder el objetivo.
Ustedes saben... lo contrario a lo que ejecutan los corredores de 5.000 metros en las Olimpiadas... en donde cuando ya quedan 400 metros... en vez de disminuir el paso por saber que la resistencia

que les queda les permitirá llegar a la meta... hacen sprint para calificar de primeros.

Esta etapa también es común pues el cansancio juega parte importante en la toma de decisiones... no obstante, mi recomendación es motivarse con aquello que más les llene... en mi caso, el ver a mi familia y poderles decir... "Se los dije" ... "yo, sería la excepción y lo lograría" ... Porque todos podemos ser la excepción, lo importante es creérnoslo.

Justo en ese momento llega el Sr. Ricardo con los tres platos, las bebidas y los cubiertos en una bandeja; otorga los respectivos cubiertos a Marina, Alberto y Eduardo... coloca los platos ya servidos, coloca las bebidas... y comenta... buen provecho, espero les guste... marchándose, al concluir la última frase.

Alberto, responde... Mil gracias Sr. Ricardo.

Marina responde... gracias Don Ricardo., en paralelo con lo comentado por Alberto.

Y, Eduardo... solo responde: "Buen provecho a todos", dejando a entre ver que el tema del cigarro y de las fases del emprendedor, habían culminado.

CAPITULO III – SER EJEMPLO CON LOS X VALORES QUE REPRESENTO.

Culminado el Almuerzo y una vez retirados los platos de la mesa por parte del Sr. Ricardo; Marina decide reiniciar el tema de los Valores que tendrían que representar todos los roles:

- Señores, el almuerzo ha estado estupendo...
  Tenía tiempo sin comer tan delicioso...
  No obstante, llego el momento de ponernos a trabajar...
  Por ello propongo que el primer valor que toquemos sea:

  LA PUNTUALIDAD

- Pero que fastidio contigo y la bendita puntualidad... vale... responde Eduardo.
- Si Eduardo, la bendita puntualidad... pues no hay mejor manera de decirla al otro "Te Respeto, me importas" ... que el siendo puntual.
  Pues, no se trata solo de llegar a la hora exacta al trabajo o salir justo cuando el timbre del colegio suena... o bien, tomar nuestros alimentos en la hora exacta que nos adjudican las empresas para tal fin...
  No, Eduardo... la puntualidad refleja también el compromiso de entregar las asignaciones, para el día que nos comprometimos... o, cuando aceptamos entregarlas, para los casos en donde la fecha ya viene propuesta por el Jefe, pero, en

donde tuvimos la oportunidad de decir si es o no factible el cumplirla.
- Me parece bien... comenta Alberto.

De hecho, la puntualidad conlleva el conocernos tanto y predecir nuestro entorno de tal manera que no tengamos que exceder nuestra jornada laboral para cubrir la responsabilidad... pero, al mismo tiempo... no justificar el tiempo consumido por labores que no nos pagan por hacer... para, extender los tiempos más allá de lo real.

Es decir... no es que le voy a decir al jefe que el trabajo se lo entrego en 7 días... Pero cuando él pasa... yo estoy conversando de la rumba a la que asistí el sábado, con tres compañeros más...

O bien, haciéndome un café y bebiéndolo durante unos 30 minutos... E inclusive, he podido apreciar que en muchas empresas las personas llevan catálogos de esos que ofertan productos de venta directa o piramidal... y, en plena jornada laboral se ponen a marcar y discutir los productos que les debe traer otra compañera versus la forma en que se cancelarán.

- Jajaja, responde Eduardo...

Yo he sido uno de esos...

En una oportunidad me fui a Cúcuta y compré lencería de mujer, carteras de piel, etc. porque me dijeron que a eso se le ganaba dinerito...

Como no tenía tienda... y me parecía de lo último mostrarla en el carro... la bajaba en una maletica y cuando el jefe no estaba... pufff.... La sacaba y ese mujerero loco gozaba una perinola.

Se las ponían por encima de la ropa... me preguntaban cómo se les veía... y yo, vuelto loco imaginándolas en cuero...

Algunas inclusos me decían que si se las podían probar... pero yo, les decía que no pues eso era antihigiénico...

Un día, el jefe llego antes de la hora y al ver el desorden... me mando a amonestar con el departamento de recursos humanos...

En ese momento no entendí las razones y lo califiqué como el Hitler de los negocios... pues siendo yo un poco judío en mi árbol genealógico... no tenía peor frase en mi léxico.

Sin embargo... al escucharlos a ustedes... puedo decir, que mi Jefe tenía la razón... al punto, que desde el momento que me amonestaron, ni a mí se me ocurrió volver a llevar la maleta... ni a nadie más se le ocurrió llevar productos.

- ¡Haaa!!! Viste Eduardo... que vamos bien... responde Marina.

Así te quería ver... analizando cada punto a detalle y reflexionando como el Analista que eres.

Igualmente me gustaría que reflexionase Alberto, dado que un alto porcentaje de las responsabilidades que posee conllevan este valor intrínseco, pues pagar los aguinaldos, sueldos, emitir constancias de trabajo, justificar las

deducciones, etc., etc... de no hacerse puntual, generan un gran conflicto organizacional.

Al igual que pueden generarse problemas, cuando una persona solicita que se le cambien las botas de seguridad y no hay en el almacén... dado a que la imposibilita a estar en el lugar de trabajo con una condición de riesgo. De aquí, que responsablemente se tiene que decir el día en que se les otorgara para que el obrero alargue la vida útil de las actuales lo más posible sin generar condiciones inseguras contra su ser.

U, otro ejemplo que pudiésemos mencionar puede ser el caso del cambio de las sillas oportuno cuando pierden la ergonomía que deben de ofrecer, o el reemplazo de las luces de las lámparas cuando están quemadas y ponen en riesgo la vista del empleado, etc., etc.

- Incluso Marina... verdad que se puede ser puntual a la hora de dar los aumentos porque entiendo que eso desde el año anterior se mete en presupuesto... ¿Cierto?... Acota Eduardo.
- Muy cierto Eduardo... Irreal y no frecuente pero cierto... responde Marina.
- Bueno Marina, para empezar, es irreal porque normalmente existe una inflación mayor a la estimada... y frecuentemente no se evalúan aumentos adicionales al propuesto en presupuesto... No obstante, esto no indica que se puede comenzar con dar fijo el que se tenía en

presupuesto y, prometerle al empleado una nueva fecha para re-evaluar lo adicional... lo cual, si así también lo desean... puede terminar en un retroactivo que beneficie aún más al empleado para, mantener su calidad de vida (siempre que financieramente se pueda).

Del mismo modo... seria genial que le permitieran al trabajador, salir puntualmente el día de sus vacaciones... incluso programarlas con un año de anticipación.

Y digo esto dado que tengo muchos conocidos que cada vez que van a salir de vacaciones, el jefe con la cara bien fresca les dice... si quieres te las pago y sales en otro momento... o bien, solo les dicen: "Estimado, la cosa esta difícil... la empresa necesita que te quedes... entiendo perfectamente que quieres salir de vacaciones, pero la respuesta que debo darte es no" …. "si te gusta bien... y si no la puerta abierta esta".

Ante tales casos... como se va quedar la gente haciendo su trabajo bien y Feliz... ¡IMPOSIBLE!!! Señala Eduardo...

Y después se pregunta ¿por qué la empresa no está bien económicamente?

- Así es... solo alcanza a decir Alberto.
Cuantas veces he sido impuntual por temor a decir la verdad...

Y, peor aun sabiendo que la fecha no se respetaría...
- ¡Por eso es que la gente se molesta y monta un sindicato!!! Señala nuevamente Eduardo.
- Es verdad... dice Alberto.

Soy experto en la materia... pero no experto en decirle a los dueños las repercusiones que tendrían cada una de las acciones que me han señalado acatar.

Seguro esta es la gran diferencia, entre un Director y un Gerente.
- Pues, no importa Alberto... no nos enganchemos en estos temas pues pasaríamos toda la tarde poniendo y exponiendo mil y un casos... replica Marina.

Lo importante es que aprendas y sepas que hacer de aquí en adelante... Ahora bien, que les parece si hablamos de:

LA PRESENCIA

Que para mí es una de las claves del éxito preferidas.... dado que en mi haber, he topado con mucha gente que la relacionan estrictamente con la belleza física, con ser bonita... o acuerpada...

Otros la han confundido con tener una personalidad extrovertida... e incluso me he topados con algunos locos que creen que se consigue automáticamente cuando se usa ropa de marca... como la que viene con los logos de azul, rojo y blanco en forma de rectángulo, en el lado izquierdo de una camisa Tommy Hilfiger o con el famoso cocodrilo verde de boca abierta de la marca Lacoste.

La marca Techno Marine, Mulco, Rolex u Omega en un reloj; las carteras y monederos Tous, Louis Vuitton, Mario Hernández... los bolígrafos Mont Blanc o Cartier... etc... etc...

Y, pues no...La presencia acorde a mi humilde criterio va más allá de lo material.

La presencia es el estilo que se despliega al caminar erguida, sin arrastrar los pies, con la espalda recta, los hombros firmes, la cabeza levantada... un buen peinado que goce de un color de cabello armónico y parejo, sobre todo si la dama le gusta colocarse tintes...

Bien afeitado en el caso de los hombres tanto en barba, bigote como en corte de cabello... y fíjense que no discrimino que usen barba... no obstante si se la dejan que sea vea bien... pulcra... al igual que si desean dejarse el cabello largo... que al menos garanticen que se les vea bonito, brillante, que emane olores ricos...

- En ese momento mira al cielo Marina, hace una pausa... y suspira profundamente....

Siii, definitivamente olores ricos... como los de una colonia... que deja ese rastro al caminar y permite que te identifiquen con el tiempo.

No importa que sea barata o cara… pero que deje ese olor que a usted le gusta y le caracteriza.

- Suspira Marina nuevamente, pero esta vez más fuerte, como si conversando de un enamorado estuviese -------------- mientras se colocaba la mano en el mentón…

- En eso Interrumpe Alberto diciendo: Marina… ¿Pero por qué suspiras tanto?... ¿Qué recuerdos te trae este tema a la mente?...
- Eduardo comenta: ¿Que clases de recuerdos crees tú, Alberto?... si a mí me preguntas, te digo sinceramente que hay alguien que la tiene cautivada a punta de colonia… o bien al menos así la cautivo.
- Efectivamente muchachos… mi esposo Alexander, me cautivo con esta táctica… sin el saberlo incluso…

Y me acabo de recordar, mientras les tocaba este tema, porque sin querer se me vino a la cabeza cuando cada vez que pasaba por mi lado, ese olor característico me volvía loca…

Adicta… al punto, que muchas veces llegaba a un lugar donde él había estado recientemente y con solo respirar su aroma… sabía que era él el que faltaba.

Bastaba, con que en algún lugar que visitase, alguien cargase esa colonia para desesperadamente, comenzar a buscarle... pensando que era el quien había llegado.

Incluso hoy, cuando llego a la casa... sé que está allí tan solo con meter el carro en el garaje pues su presencia está en el ambiente y, sé que se marcha a trabajar cuando a las 5:30 a.m. sin falta, después de una ducha y del vibrar de la afeitadora... despliega cantidad de esfero hormonas al pulsar dos veces el spray de su colonia.

Ese ser... que me vuelve loca todavía... pero, que por dar prioridad a otras cosas... tengo olvidado.

Ese, que me enseño... que la presencia se completa con una camisa que no necesariamente debe estar nueva... pero si limpia y bien planchada... con los botones completos y bien combinada... al punto que te haga lucir bien...

Que París es la capital de la moda... y por ello quizás en una estación, deciden combinar camisas de flores, pantalones de cuadros y zapatos fosforescentes... no obstante, la moda es para aquellos que son independientes... que viven del marketing extremo, llamando la atención de los paparazis... o, para algunos pocos que realmente les queda bien...

Pues, en el mundo real los ejecutivos se visten bien... los gerentes se visten bien... los supervisores se visten bien y los analistas se visten bien... es decir, con el uniforme o con colores que señalan sobriedad....

Con trajes, corbatas, camisas largas y/o cortas... pantalones, faldas no reveladoras... ni descotes tan pronunciados... con medias acorde a la ocasión, zapatos de suela o tacones dependiendo del género, chaquetas, etc... en línea con los pensamientos que desean reflejar...

Y, si... deseas ser innovador... ponte una camisa que no sea blanca, pero, de una tonalidad unicolor sobria, un traje negro.... E invéntate una corbata que haga match con un pañuelo a colocar en el bolsillo del traje, con las siguientes características:

Amarilla o naranja para que motives a un pensar creativo... estimulando de paso, a los tímidos o tristes...
Morada... si buscas representar calma, serenidad, sin necesariamente denotar conservacionismo, etc... Por ser la mezcla de la furia (rojo) y la calma (el azul).
Y si desea algún otro tono más vivo, en combinación o bien representar algún otro sentimiento: busca el término psicología del color en google... y tendrás la respuesta.

No obstante, de ante mano siempre me señaló.... que los trajes rojos... con camisas amarillas... y

corbatas de bacterias... o bien combinaciones similares que, aunque usted no lo crea suelo ver en bodas y eventos... hay que dejarlas a los payasos, que creen lucir bien o son feliz llamando la atención.

- Marina, ¿pero lo que propones no es algo "clásico"?... señala Alberto.
- Alberto... responde Marina.
Contéstate tú mismo...
¿Cuántos ejecutivos ves a diario... vestido como payasos?
¿Cuántas personas de los canales informativos como CNN, ESPN o algún otro que se te ocurra... se visten con colores llamativos?
¿Cuántos presidentes has tenido la oportunidad de ver, que se vistan fuera de lo que denominas "Clásico"?
¿Has visto a príncipes, duquesas, reinas o reyes salirse de un protocolo de vestido?

Creo que a ninguno.... De hecho, TODOS podría decir sin exagerar... más allá de las religiones que dictan algunas pautas en el vestir o, de los climas que ciertamente influyen en algunos tipos de vestimenta: Poseen características semejantes a las que te he señalado...
Entonces... si ellos se visten en reflejo de la población o de una compañía... si poseen asesores de imagen egresados de las mejores universidades del mundo... si gozan presupuestos exuberantes para vestirse como deseasen... ¿Por

qué se visten Clásicamente por convicción u obligación?
- Fácil Alberto... añade Eduardo.
Somos una sociedad Clásica.... Con apertura a la innovación... pero Clásica sobre todas las cosas.
Una sociedad en donde la presencia también es hablar bien y fluido, en un tono lo suficientemente alto como para que te escuche bien el oyente, pero lo suficiente bajo para que las personas no vinculadas al acto, no se enteren de la conversación... tal y como lo hacen los ejecutivos, los reporteros televisivos o los presidentes.

Una sociedad en donde se gesticule lo justo y necesario para reafirmar o posicionar en la mente del oyente... aquello que realmente merece la pena posicionarse, pero, sin que se sienta ofendido o amenazado con tus gestos.

Y, sin lugar a duda... también es una sociedad en donde hay que tener lo que comúnmente se denomina "buena Educación" ... decir buenos días, hasta luego, que le vaya bien, será hasta una próxima ocasión, bien recibido es cuando guste, desea algo de beber, puedo servirle en algo, por favor pase y tome asiento, le ayudo... e incluso decirle a un jefe: "respeto su opinión... se hará como usted desee, más no la comparto".

Y ya para concluir... y yéndome a los extremos en donde ustedes me dirán anticuado... el por qué no abrirle la puerta a una dama, jalar la silla para que se siente y luego aproximarla a la mesa…

Dejar que una dama tome primero la carta en un restaurant y con base a la sugerencia de un caballero, llevarla a una selección ideal…

Y, no entrare en la forma de cortejar… porque eso no es nada corporativo… ¡No es así Alberto!

- Tienes razón Eduardo… Ahora lo entiendo señala Alberto.
- Y, bien… ¿Qué les parece?... ¿Verdad que no es Imposible?... acota Marina.
- Claro que no Marina… pero se necesita tiempo para entender todo y más para reflexionar en el actuar… señala Alberto.

No obstante, como muestra del agradecimiento a todo lo que me están enseñando: Deseo me otorguen el privilegio de proponer el tercer valor…. Que de seguro les será de utilidad.
Ese valor, que me ha faltado en muchas ocasiones y que me ha llevado a quedar sin empleo una y otra vez.
El que nos da el derecho oportuno de conformar un equipo o evitarlo… y, que bien manejado me pudo llevar al éxito… pero hoy me tiene donde estoy.

Ese tema que refiere a:

LA SELECCIÓN

Que no es otra cosa que una invitación a descubrir mediante una entrevista de trabajo si los valores de una persona están en línea con los de la compañía y sus directivos, con el departamento y sus gerentes e incluso en línea con los valores de los compañeros de trabajo que tendrá.

Son 2 palabras que nos invitan a predecir conductas mediante los atributos de un ser, sus habilidades, destrezas y conocimientos... antes de su contratación y durante cada evaluación departamental.

Pues, hay que tener claro que los conocimientos se pueden traspasar, las destrezas y habilidades se pueden desarrollar con la practica, pero, los atributos y los valores... requieren demasiado tiempo para moldearlos... por ende, si estos últimos no son compatibles con la organización y tenemos presente que en la organización todo es dinero... entonces podemos concluir que es mejor desechar el candidato o trabajador que no cubra este requisito.

Y es precisamente por estos requisitos expuestos, que algunas empresas dedican gran cantidad de horas realizando exámenes psicotécnicos a personas postuladas, a fin de tomar de una población en general, la muestra que más se asemeja al deber ser organizacional...

No obstante… si bien puedo concluir como experto en el área… que esta práctica ayuda… no puedo decir que es concluyente para la toma de decisiones pues en mi experiencia, hoy con los ojos abiertos a una nueva realidad que me han propuesto ustedes como compañeros, puedo decirles que siempre que he realizado las preguntas DEBIDAS en una entrevista: he obtenido de manera más clara y precisa la esencia de un ser.

Es decir, por citar un ejemplo:

Una vez, la empresa donde laboro, decidió otorgar 50% de descuento en las páginas que comúnmente nadie utilizaba para hacer publicidad, tal es el caso de las paginas pares, o sitios donde la noticia en el periódico no es tan comercial, etc.

La consecuencia se vio al instante en la clientela y comenzaron a generarse colas no habituales en el departamento de receptoría de anuncios… en donde solo trabajaban tres transcriptoras que constantemente se quejaban del horario.

Curiosamente ese día, en el que comenzaron las colas… la cara de las 3 transcriptoras era de felicidad… razón por la que me motive a preguntarles si su felicidad venia como consecuencia al pago de horas extras que se concederían.

A mi sorpresa, la respuesta de la primera fue seca…. Un no rotundo… sin más explicación.
La segunda, me dijo que cuando había colas los clientes solían redondear las facturas dejándoles el diferencial como propina. Tornándose más generosos pues entendían que el nivel de agotamiento de ellas era superior… por ende a parte de las horas extras, se llevaban a su casa dinero adicional que no habían pronosticado para la semana…

Esta última, me pareció que brindo una respuesta acertada y dentro de los parámetros establecidos por la compañía… señalo Alberto.

No obstante, mi sorpresa fue cuando vi a la tercera transcriptora, sacar múltiples billetes de 100 (que en cualquier moneda significa alta denominación) de su bolsillo…

Llamándome tanto la atención, que vire toda la atención a esta empleada para preguntarle:

¿Y tú como has conseguido tanto dinero a diferencia de los otros compañeros?

Su respuesta con una sonrisa en la cara fue: La Clave mi amigo es pescar en rio revuelto…

Si atiendo a la persona que ha hecho la cola y le toca su turno... me dará propina... pero, ¿no sé cuánto? Ahora bien, si me voy por la cola y encuentro alguien desesperado... seguro me dirá, ¡amiga!!! ¡Ayúdame!!! Y yo le diré que si le ayudo como me va ayudar él o ella...

En ese momento me dirá una cifra de dinero que, si me conviene agarro, procediendo a colear al resto de la gente y dar prioridad a este pedido... y si no, le digo cuanto espero que me pague por el favor... si acepta... listo, corono un limpio... caso contrario atiendo al que verdaderamente le toca... así de sencillo.

¡Impactado por la respuesta, en ese momento no hice nada!!!... quizás por el mismo asombro al ver el nivel de descaro de esta empleada y como podía sacar hasta 10 veces más sueldo que yo en un día por esta estrategia...

No obstante, cuando llegue a la casa me recuerdo que agarre una rabieta nada normal... que descargue gritando: "por personas así es que existe corrupción. Es que existe un vivo que es atendido rápido y un tonto que por hacer su cola sale de último", rol que, en algún momento, todos hemos interpretado.

Por personas como estas y la duda que les generan a los dueños, es que hay que hacer cierres de caja diarios a ver si los números cuadran, inventarios cíclicos constantes a fin de medir la confiabilidad de inventario... Y garantizar que por que le hayan entregado un billete de 100, no haya entregado una mejor posición publicitaria en el periódico, una mejor página, un tamaño más grande y costoso, etc.... o bien si se lleva a otras áreas, cambiado un producto económico por uno de más valor y calidad... cambiar una unidad por muchas unidades no adquiridas por la vía legal o "factura".

Esto... Entre otras muchas cosas malas y escenarios que podría describir...

- Increíble, señala Eduardo....
  Eso era para despedirla inmediatamente...
- ¡Claro!!! responde Alberto.
  No obstante, la ley del trabajo no permite que se despida a un personal sin que estos hechos sean claramente demostrables ante el Ministerio del Trabajo, a fin de que este ente califique el despido.
  Así, que lo que toco fue que mediante evaluaciones otorgarle el mínimo aumento posible para mantenerla en el sueldo base de Ley mientras, a las compañeras que tenían un mejor valor y respeto al público, se les otorgaba siempre un porcentaje de sueldo adicional, para que estuviesen por encima del sueldo mínimo.
- Así es que se hace... respondió Marina.
  Yo trabajo del mismo modo con mi personal...
  A aquella persona que le suministro información confidencial y la revela... le trituro el bolsillo en los

aumentos... para que aprendan a ser leales o se marchen por voluntad propia.

En cambio, a aquellas personas que no la revelan, que respaldan mis objetivos, que colaboran "sin ser jala bolas", etc... las propongo para nuevos o mejores cargos. Les otorgo mayor aumento salarial, etc.

Pues... de eso se trata este tópico. SER SELECTIVO.

De conocer con quienes uno puede o no contar en caso de una emergencia, de quienes respetan o no la nómina, Ojo Alberto, esto implica no involucrarse sentimentalmente con personas de la compañía ¡Ok!!! Para que quede claro... También, aplica para quienes pueden o no manejar información privilegiada o bien personal, de quienes tienen la capacidad de hacer una buena difusión de objetivos y/o quienes los destruyen de ante mano...

De quienes son seguidores pero pueden llegar a ser buenos líderes, o de quienes son líderes sin poseer un cargo.... O bien, de quienes son buenos seguidores y no deben de tener más responsabilidades y hasta ¿Por qué no?... quienes no desean ser ni seguidores, ni líderes para reinar en un estado Anárquico como, si esto último fuese fácil de hacer cuando existimos muchos garantes del dinero...

… Pobres ilusos estos seres que creen que los títulos de gerentes, uno los saca de una caja de cereal.

Marina… hace una nueva pausa…

Se ríe suavemente sin hacer sonido alguno…. Se muerde el labio inferior del lado derecho y prosigue:

- Les sonara extraño Amigo y parecerá raro que tomase una pausa, pero, yo en esto sí que creo tener un Doctorado, por dos razones:

La principal y más crítica, resulta de los innumerables fracasos que hemos tenido organizacionalmente cuando, un jefe señala que una persona debe ser promovida a un cargo por "estar capacitada o tener el conocimiento", pero al llegar al cargo y/o durar un tiempo prudencial para el logro de los objetivos, resulta ser un fracaso rotundo…

De este primer caso, se generan 2 vacantes libres que son: el puesto al que fue promovido el empleado donde no es eficiente y, el puesto que el promovido solía ocupar que bien realizaba, pero, al cual ya no podrá regresar por ámbitos legales.

De aquí que en lo personal me tomo mi tiempo desarrollándolos, poniéndoles pruebas, revisando primero el talento interno de las personas que poseemos antes de salir a buscar joyas externas… de verdad que sin humildad alguna puedo aseverar que soy un crack tomando este tipo de decisiones. Algo que no puedo decir de mis pares.

Ahora bien, de forma secundaria: cuando se contrata una persona para una vacante libre y no se les presenta a los demás homólogos, Gerentes y Directores de área, desde ese mismo momento estamos colaborando a una barrera interdepartamental que no será fácil erradicar.

Al no dar la respectiva inducción del sistema administrativo o entregar procedimiento alguno…. Estamos apostando al fracaso del talento contratado.

Al no comunicar de forma clara y con compromiso de parte y parte, los principales objetivos a cumplir y las herramientas ya existentes o encaminadas con las que puede contar este ser, lo estamos dejando completamente a la deriva para, pasado su tiempo de prueba conforme a Ley, tan solo le digamos al departamento de Recursos Humanos que debe de revocar el contrato, mejorar el proceso de reclutamiento y claro está, captar inmediatamente otra persona pues el fracaso de los objetivos es casi un hecho ante tanto tiempo perdido que no volverá. Recayendo netamente la responsabilidad en la falta de personal…

¿Les suena familiar?... a mi si...

Constantemente lo escucho cuando me reúno con excompañeros de clase, cuando pregunto en

entrevistas de trabajo del logro de objetivos y el motivo del fracaso, etc...

Por tales efectos, he aprendido que cada vez que decido promover o contratar a alguien... durante los primeros 6 meses hago monitoreo de cerca, exijo reuniones semanales con esta persona indistintamente le vaya bien o no... analizo cautelosamente sus puntos de vista y observo como los expresa... como toma cada decisión y como la ejecuta... en los diferentes niveles organizacionales.

Interactuó con ellos tratando de ser amiga, a fin de dejarlos expresar y trabajar con fluidez... no obstante caigo en el error, al no gustarme algo: de imponer un inmediato cambio de estrategia acorde a mis pensamientos en vez de hacer las preguntas ideales para que ambos nos percatemos cual es la mejor solución sin lucir coercitiva.

Creo, sinceramente haber entendido que un buen jefe no es solo aquel que "realiza una buena promoción o brinda un interesante paquete para robarle un personal valioso a la competencia" si no, el que es capaz de desarrollar el personal a cargo para que este en cualquier momento y empresa pueda brillar con luz propia.

Ese que contribuye a un bajo nivel de rotación de empleados y aun mejor clima organizacional...

Que se esfuerza por que cada recurso ingresado a la compañía se convierta en oro, pues significa tiempo y dinero invertido...

Precisamente ese que no excusa el fracaso de los objetivos por no tener personal calificado cuando, no ha tratado siquiera de brindarle las herramientas cognoscitivas mínimas necesarias para que el empleado pueda desempeñar sus funciones...

Aquel, que dio todo el apoyo cuando se debía y no espero a que fuese tarde para reportar la necesidad de un adiestramiento In-Company o mediante Outsourcing.

Si, ese mismo... que pone todas las cartas en la mesa para que sus trabajadores entiendan que lo que les enseña, les queda a ellos y a nadie más... y que si bien, es interés de uno como Jefa el que ellos aprendan para que ejecuten sus tareas diarias de una forma más efectiva... también es de su interés como empleados, el hacerlas mejor para preservar su puesto de trabajo...

En ese momento Eduardo interrumpe diciendo:

- Entiendo perfectamente Marina a lo que refieres...
  De hecho, tengo varios casos que aplican perfectamente a tu señalamiento:

  El primero que trata de un compañero que constantemente le dice al Jefe que solo asistirá a adiestramientos si estos se acoplan perfectamente a su horario laboral, caso contrario... si los mismos por alguna razón se extienden: deben de generar automáticamente el pago de las horas extras que se llegasen a necesitar... ¡qué tal!!!

- ¿Y cuál fue tu respuesta al caso? Pregunta Alberto.
- Mi respuesta fue sin ser Jefe: Te estoy pagando el día de trabajo para que dejes de hacer lo que estás haciendo (que es por lo que te pago), a fin de que aprendas como se puede hacer mejor y de paso quieres que te pague horas extras...
  Mejor envío a otro...
- Muy bien dicho exclama Marina,
  Así mismo es como pensamos los Directores.

Con gran entusiasmo por la felicitación recibida, Eduardo automáticamente procede con la mano izquierda, cual fiscal de tránsito a decirle a Marina:

- Mil gracias Marina, pero, para... para... que esto no es todo,
  El segundo caso que te presento, trata de personas que confirman la asistencia a los cursos, pero luego se ausentan emitiendo excusas de exceso de trabajo al Jefe... cuando sencillamente desde un inicio no les interesaba.
- ¿Y tú solución a este caso sería? Pregunta Alberto.
- Fácil... si tu Gerente aprobó que te envíen a un curso es porque definitivamente hay una competencia clave para el cargo que debe ser mejorada.

Si no asistes le estas diciendo de manera muy directa o tacita, al Jefe que te vale madre lo que el opine de ti... lo cual no creo que traiga buenos resultados a corto plazo... responde Eduardo

- ¿Por ende que crees que debes de hacer Eduardo?
- Disminuir el trabajo acumulado la noche antes del curso o, en los espacios vacíos que durante el mismo se generen o bien al regreso, sin que el trabajo per se sea utilizado como excusa.

En cuanto a las horas extras... si te las pagan bien... si no, de igual forma estas ganando algo que no tenías... "conocimiento".

Y en último caso... por qué no, haberle notificado con antelación al jefe de los posibles problemas a enfrentar para que se decida postergar el curso o asignar la responsabilidad temporal a otro integrante del equipo. No obstante, el interés de asistir al curso, siempre debo demostrarlo.

- Así es... responde Marina...

Lo mismo Eduardo, aplica para compañeros de trabajo que son seleccionados por un Jefe para asistir a una determinada charla... y se toman "sin derecho" la potestad de reasignar el cupo a otra persona... llevándonos inmediatamente tanto a descartarlos para una futura ocasión como, a ubicarlos en su posición organigramica de: "Cero toma de decisiones" pues, ellos no saben quién tiene o no las competencias en el nivel que deseo, ni como quiero invertir el presupuesto de capacitación adjudicado... ni como llegaré a los objetivos con el personal que tengo a cargo... PUNTO.

Para estos dos últimos casos, incluso un llamado de atención por escrito no me cae para nada mal otorgar...

- ¡Claro!!! ¡Marina Claro!!!... exclama Eduardo.
No obstante Marina... me permito hacerte una pregunta que también para mí es clave:
¿Qué hago con esas personas que bajo ningún concepto aceptan cursos sabatinos o nocturnos...o incluso, para ser más extremos... ya no desean cursos a voz populi cantada?
- Estos sí que son difíciles señala Alberto...
- A ver... ¿Por qué dices eso Alberto?... responde Marina, mientras cruzaba los brazos en el pecho.
- Bueno Marina, como humano... soy de las personas que considera que debemos de tener tiempo para dedicarnos a nosotros y a nuestras familias... y esto solo es posible si y solo si, tenemos las noches y los fines de semana libre.

Como Gerente... tengo que entender... que esta oportunidad no se le brinda a todo el personal... razón por la que debería ser un honor para el trabajador, el ser postulado a algo así... al igual que como cuando se le concede una beca estudio, se le paga parte de la matrícula para que completen un postgrado, un idioma o algún otro tipo de capacitación...

Reconozco como especialista del área, que al final el empleado es el que resulta más beneficiado pues pasa a cotizarse mejor en el mercado... corriendo siempre el riesgo "solo la empresa" de perder un talento ante una mejor propuesta económica que resulte tanto de alguna otra empresa como, de la nueva posibilidad que se abre para aplicar a una vacante de igual o mayor nivel jerárquico dentro o fuera del sector; producto del nuevo conocimiento adquirido.

Sumado a esto, debo de admitir que el conocimiento nuevo nos ayuda a evitar que otros seres más capacitados y actualizados nos sustituyan en el lugar actual de trabajo "incluso cobrando menos"; y evita que los Jefes se pongan creativos incluyendo robots o tecnologías que nos pueden sustituir con un retorno de inversión a mediano o largo plazo.

- ¿Y entonces Alberto?... todo muy bonito... pero que me concluyes si fuese yo tu Directora... responde Marina, abriendo los brazos.

Alberto con una cara de esa que expresa que se las sabe todas más una, inmediatamente le responde:

- Te diría que revisásemos el alcance del estudio... tu sabes tiempo de duración, universidad o tecnológico que lo brinda, factibilidad de otros

horarios, si son todas las noches propondría que se extendiera un poco más la duración del mismo si es posible pero que se me deje al menos algunas noches libres, revisase las materias para cubrirlas todas o algunas on-line, etc...

- ¿Y qué pasa si ya el curso esta escogido... si es un solo horario... si te digo que solo puedes egresar de allí por un convenio que tengo con la universidad, que noches libres no hay e incluso algunos sábados son de obligatorio cumplimiento?... responde Marina.

Abriendo los ojos con cara de susto, como si hubiese presenciado la aparición de un fantasma Alberto responde temeroso...

- Este... este...
  ¡Te digo que No!!! Marina...

- Te das cuenta Eduardo... ni un Gerente de Recursos Humanos, es capaz ante la presión de flexibilizarse...y ser ejemplo de lo que vende.
  En un simple minuto... Alberto perdió el cuarto valor más importante en una organización Y ni hablar del quinto que luego les mencionare:

LA ADAPTABILIDAD

- ¡Aja!!! Marina y como se come eso... respondió Eduardo.
  Que se suponía que debía responderte si no está en línea o de acuerdo con lo que le propones...

Se lo cala... así no más y baila joropo.
- No Eduardo.
Uno no tiene por qué calarse las cosas que no le gustan... pero tampoco puede reaccionar ante un primer intento fallido de negociación con radicalidad. Es decir...

Normalmente nos hemos acostumbrado a pensar por nosotros y por los demás de forma paralela, razón por la que esperamos con naturalidad que cualquier planteamiento que realicemos se nos entienda así no más... y eso fue lo que le paso a Alberto cuando me comento que si se podía conseguir otra alternativa.

Internamente él ya se había preparado para que yo le dijese: ¡está bien!!! ¡No hay problema!!!... esperemos, posterguemos, etc., etc... Siempre que tú estés bien... yo también lo estaré.
Y, eso es algo utópico en una empresa... por más que exista empatía con el jefe.

Por tal motivo, al decirle yo que aceptara: si o si... su respuesta drástica y automática fue NO... sin tomar en cuenta en frio, que bien ahora yo podría pedir su renuncia, por no servirme un Gerente que no desea más preparación y que de paso esta contrario a los valores corporativos y departamentales que se necesitan en su lugar... ¿qué tal?

Es más... me atrevía a preguntarte a ti Eduardo que no eres del área... ¿contratarías a Alberto... sabiendo que ese cargo es responsable de pedirles a los empleados que asistan a cursos que le beneficiaran, a cualquier hora del día, pero, teniendo bien claro que cuando le toque el turno a él... no cubrirá las expectativas ni ejemplifica la norma, siendo Gerente de Recursos Humanos?

Eduardo... mirando a Alberto con cara de lastima... solo le dan las palabras para decir:

- No hermano... no te contrataría.
- Y que debía de decir entonces, Marina... responde Alberto.
- A ver Alberto... respóndete tú mismo... señala Marina.
  Si yo te hubiese planteado la consecuencia de la no aceptación del curso – entiéndase "pérdida de tu empleo" ... en vez de preguntarle ¿Qué pasa si ya el curso está tomado?...
  ¿Cuál hubiese sido tu respuesta?...
- Bestia...
  Hubiese aceptado el curso y después te hubiese destruido, diciendo por los pasillos que eres una rata peluda... que me marcharía de la empresa... comenzaría a buscar un nuevo trabajo en otro lugar en el acto, etc.
- Y si en la entrevista para otorgarte un nuevo trabajo te preguntan ¿Por qué abandonas el actual?, que responderías... pregunta Marina nuevamente con un tono sarcástico.

¿Dirías sinceramente que es porque te quieren capacitar, pero tú no aceptas el horario?...
O ¿les responderías que soy una rata peluda?
¿Mentirías?
¿Comenzarías mintiendo en tu nuevo trabajo?
- Este... este...
Si... que digo no... bueno... no se...
- Jajajajaja....Alberto... tienes cada cosa respondió Marina.
Jajajajaja...
Bueno... déjame seguir guiándote para que llegues a la respuesta:

En ese momento Marina, coloca las dos manos en la mesa entrelazadas como si a orar fuese y dice:

- Alberto... ¿Qué crees que hubiese pasado si antes de exponerte yo como Jefa a una circunstancia como la vivida, tú hubieses buscado por tu cuenta un curso para ir llenando esos vacíos del cargo?
¿Cuáles crees tú que serían las consecuencias que tendrías, si un mes o un día antes hubieses venido a mí para que dialogásemos sobre las debilidades que yo veía en ti para tu buscar satisfacerlas?
¿Con que cara crees que te pediría la renuncia sí sé que me puedes dar más de un ejemplo de cursos buscados por tu parte, que bien son homólogos al que te propongo... y por alguna razón te los rechace sin explicarte?
¿No crees tú, que, si por alguna razón esta decisión viniese directo de la Presidencia de la empresa, yo con gusto te defendería y le expondría la factibilidad de un acuerdo a mi

superior y/o por defecto, trataría de llegar a un acuerdo contigo?

¿Alguna vez has sido tan proactivo así?

¿Te has imaginado el peor escenario para cuando recibas mejores noticias todo sea más fácil?

Espero tu respuesta…

- No… Marina… responde Alberto.

Sinceramente debo decir que no…

No suelo imaginarme el peor escenario…

No suelo ser tan proactivo…

No suelo exigirles a mis supervisores que me digan a los ojos mis debilidades… para mejorarlas… ni incluso en momentos como la evaluación anual de desempeño.

Debo, con un alto grado de seguridad afirmar, aunque me duela, que hubieses escogido un curso distinto, si sabes hacia donde yo quiero enfocarme…

Garantizo que no me hubieses expuesto a la pérdida del empleo, así como así… y me cuesta verte con base a este escenario planteado, pidiéndome la renuncia sin antes llegar a un acuerdo en un caso extremo, sin antes explicarme con otras palabras el motivo de una decisión… sin mi consentimiento…

Tan simple como eso…

- Uhhh…. Ahora lo vez mejor Eduardo… responde Marina quitándole la vista a Alberto en ese instante.

Cada vez que nos ponemos en el lugar del otro, bien sea uno como director, gerente, supervisor, analista u obrero, nos predisponemos en el cerebro a conseguir una respuesta deseada…que, si se consigue… Excelente…

Pero, si no es así… ¿Qué ocurre?:

a.- Lo primero es que bloqueamos nuestro cerebro a nuevas posibilidades… ideas, acuerdos, etc… indistintamente de la persona que las exponga y el análisis que explique.

b.- No evaluamos inconscientemente en qué lugar estamos nosotros en el organigrama, a nivel social, económico, etc. y arremetemos por autodefensa de manera desmedida contra aquel personaje que bien puede estar más arriba que nosotros y hacer que la cuerda reviente por lo más fino… como, puede darse el caso; de estar por debajo de nosotros, e igualmente provocarnos una cadena de acontecimientos varios, no necesariamente armónicos para la gestión que lideremos.

Por tal motivo… mientras más abajo estemos, tenemos que escoger bien las batallas a enfrentar…tenemos que ser más proactivos y buscar con ahínco como sobre salir del resto, como hacernos ver, como darnos organizacionalmente a conocer... que todos sepan quien es uno y que somos capaces de hacer.

Que nos vean como un apoyo, un aliado, alguien a quien podemos incluir en cualquier proyecto por que como sea lo sacaremos a flote... pero, lo más importante que nos vean como un ESTRATEGA, pues somos capaces de adaptarnos a los cambios y salir airosos en todos los escenarios.

Marina hace una pausa... suspira y prosigue.

De hecho, si me preguntas a mí... a fin de ser más específica, te diría que como todo tiene su tiempo... la Juventud seria la etapa ideal para ejecutar este actuar:

Pues Dios nos regaló energía de sobra en esa etapa, preparando al cuerpo para después de un trasnocho, estar rápidamente repuesto para otro... Nos dio neuronas frescas para asimilar todo... y no tener necesidad de una agenda.... jajajaja

Pudimos viajar tranquilos pues no había el compromiso de un esposo gruñón al lado que pide mil explicaciones, o una mascota fiel que te espera para que le des comida, o las tareas del chamo pendientes por hacer.

Teníamos la posibilidad de escoger la compra de una vivienda tipo estudio, aquí o en China... a un crédito de largo data... y con climas y circunstancias extremas... pues preparados para todo estábamos o muy fácil era.

No obstante, ese tiempo a algunos ya nos pasó... pero saben algo, como creo que nada es imposible... considero que a cualquier edad podemos empezar... nunca es tarde... así tengas 100 años... lo importante es plantearnos el hoy como fecha de inicio, saber las herramientas que tenemos y listo.

- Parece fácil... pero no lo es ¿verdad Marina?... acota Alberto.
- Jajajaja nadie dijo que sería fácil... respondió Marina.

Pero si otros lo hacen... ¿Por qué yo no?

De hecho... ahora que tocamos este punto... puedo decirles que yo no actuó siempre como tal... pero hoy, me he dado cuenta que voy por buen camino pues, el simple hecho de reconocer en donde estoy y aceptarme, sin temor a lo que digan... me están indicando que en algo he avanzado.

- Pues Marina, si tu haz avanzado imagínate yo que he recibido una catedra tuya en pocas horas... percatándome de mil y un errores que cometo a diario... señala Alberto.
- Jajaaja y que puedo decir yo, soy el que en definitiva he crecido menos, ha manejado menos información, menos personal e incluso me he auto limitado constantemente pensando que hacia una gracia... acota Eduardo.

De verdad que me están dando hasta en la cédula... o peor aún, están haciendo que yo mismo me juzgue y me pegue la cabeza contra la pared con cada una de las palabras que emiten.

Sin embargo... debo de corazón agradecerles por que, finalmente ahora entiendo las razones que tenía mi jefe para mirarme con mala cara, cada vez que, en una reunión de presupuesto, me ponía a echarme pico y pala con el Director de Finanzas, refutando sin generar propuestas o soluciones alternas... todos los objetivos económicos con sus tareas implícitas.
Me doy cuenta, que lo que emanaba era una resistencia al cambio increíble por pensar solo en mí y no tener presente que una empresa si y solo si es sustentable cuando se trabaja en sinergia.

Batallaba, cuando decían que había que reducir los gastos de papelería de oficina, optimizar los toners, colaborar con el ambiente, atenuar los desperdicios, disminuir las paradas de plantas y el tiempo que las mismas se prolongaban, erradicar el ausentismo y/o cosas tan sencillas como apagar las luces y equipos de computación cuando no los usásemos para mermar la multas por exceso de consumo eléctrico, etc... cuando, sencillamente el resto de los compañeros se adaptaban a un nuevo escenario económico de la organización y escogían de manera muy acertada, ganar batallas en esas reuniones para a futuro lucir ante los gerentes como personas economizadoras, flexibles a los cambios, multidisciplinarias y ¿por qué no?: gozar de mejores aumentos o promociones de cargo.

Siii... definitivamente he desaprovechado muchas oportunidades por ser prepotente y creer que así ganaría más...

Lástima... pero, como dice Marina.... Animo arriba que a partir de hoy he de cambiar.

- Así es Eduardo... ANIMO ARRIBA QUE, SI PUEDES, señala Marina.
- Yeahhhhh!!!! Grita Alberto....
- SIIIIII..... grita Eduardo...

Y comienzan a aplaudir los tres.... Mientras el señor Ricardo se les acercaba con aplausos a la mesa.

- Guaos muchachos... me alegro que los ánimos estén cambiando para bien...
De verdad los felicito... indistintamente que desconozca las razones de tal euforia...
En serio, me contenta que la estén pasando chévere en mi humilde lugar...y vengo a ponerme a la orden, por si desean algo más...

Eduardo en ese instante procede a ver su reloj... y se da cuenta que ya son las 3:30 p.m.

- Si... Señor, por favor tráiganos la cuenta que tengo un compromiso a las 5:00 y puntualmente debo llegar exclama, mientras le picaba el ojo derecho a Marina en señal de aprendizaje.

- Si Don Ricardo, al igual que Eduardo... y con el permiso de Alberto, también prefiero que nos traiga la cuenta dado que debo recoger a mi beba en casa de mi suegra, también a las 5:00... y para poder llegar debo salir a esta hora.
- Perfecto, Marina, Eduardo... tráiganos la cuenta por favor, señala Alberto.
- Entendido...
  ¿Desean factura personal o jurídica?
- Nos da igual, señala Alberto
- Ok perfecto... entonces aquí tienen... e monto ya posee el impuesto incluido...
- Pero, aquí no tiene reflejado el porcentaje de servicio en Mesa Don Ricardo... señala Marina.
- No señora... como le comenté en un inicio... para mí es un placer atender a mis clientes... por ende, no puedo cobrarles algo adicional por servirles...
  Ahora bien... si ustedes desean dejar propina, ya queda a su consideración... y no a una imposición del mi hacia ustedes como suelen hacer en otros sitios.
- Bueno Don Ricardo... cóbrese de esta tarjeta de crédito todo el monto y súmele 20% por su excelente labor.
  Yo invito esta vez amigos...
  La próxima va por ustedes... ¿les parece?
- Pero, Marina... déjanos pagar... señala Alberto.
- No... no Alberto... para la próxima... déjenlo así, que como dice Don Ricardo uno no puede cobrar el placer.
  Y el haber compartido con ambos hoy...eso es lo que ha sido para mí... un gran placer.

- Jajajaja Marina, tu si tienes cosas...
Que no te escuche tu esposo porque nos lincha... jajajaja señala Eduardo.
- Ok... perfecto Marina...
¿Y cuándo seria la próxima vez? Pregunta Alberto.
- Bueno que les parece si analizamos un poco lo conversado y en una semana nos reencontramos aquí a las 8:00 a.m.
¿Les parece?
- ¡Perfecto!!! Exclamaron al mismo tiempo Alberto y Eduardo.
Nos vemos aquí en 7 días a esa hora sin falta... acota Eduardo.
- Ok... así quedamos entonces respondió Marina mientras se levantaba de la mesa para ir a retirar su tarjeta en la barra (dado que entre la despedida... ya el Sr. Ricardo les había dejado, para ir a pasar la tarjeta de crédito por el punto bancario que se encontraba en la vieja caja registradora que había justo detrás de la barra principal).

Se levanta Eduardo de la mesa... da un beso en la mejilla a Marina, choca la mano con Alberto que también en ese momento se levantaba de la mesa... y dice:

- Nos estamos viendo entonces...
- Si... nos estamos viendo responde Alberto que, también antes de salir del local da un beso en la mejilla a Marina.
- Bye... Bye ya cierra su despedida Marina.
- Aquí tiene, dice el Sr. Ricardo.

Muchas gracias de verdad por todo... y espero regresen pronto.

Estamos para servirle cuando gusten.
- Jajajaja hasta luego don Ricardo.

Gracias a usted de verdad por sus consejos y por sus servicios.

Todo muy rico

Saludos... nos vemos la próxima semana seguro.

Se da la vuelta, abre la puerta del local Marina... y comienza su andar al estacionamiento con un caminar especial...

Un caminar de triunfadora... un caminar que más de tener estilo como el que normalmente emanaba... llevaba esperanza... voluntad de hacer algo... algo nuevo... innovador... para ella y para su vida...

Respiraba el cambio... pero lo mejor... podía sentirlo...

Ya no importaba que se le rompiese el tacón de la zapatilla en el andar... que tropezase fuertemente con alguien... el piropo que le soltase el albañil de la esquina... que les chocasen el vehículo a dos cuadras y/o bien que la parase la policía de tránsito en busca de lo que coloquialmente conocemos como "matraca" ...

¡No!!! Definitivamente nada de eso importaba ya... pues el objetivo estaba claro para ella... QUERÍA SER UNA MEJOR PERSONA... y sin saberlo al 100%, algo había cambiado en el interior mientras exponía su vida, mientras interactuaba con sus amigos y el Sr. Ricardo... mientras les aconsejaba y se autoevaluaba.

Por qué algunas veces necesitamos solo eso... conversar nuestros problemas, drenarlos, discutirlos, explotarlos para finalmente encontrar la paz que tanto deseamos.

Esa tarde, antes de encender el carro Marina... coloco la emisora que escuchaba cuando niña... dejándose llevar por esa música vieja, vieja, vieja pero buena, buena, buena que tanto disfrutaba...

Canto no menos de dos canciones antes de prender el vehículo, olvidándose por minutos del hampa que atraca a choferes estacionados, según relata diariamente la prensa.

Se olvidó por este tiempo: del trabajo, del problema político del país, de la reducción del personal, de las deudas de la casa, del calentamiento global y de todo... y solo se enfocó en ella... en cómo hacer que su familia se sintiese mejor... pues, sintiéndose ella y su familia mejor... en el trabajo por lógica rendiría más...

Tomo el teléfono a mediados de la tercera canción y llamo a su esposo.... Pero esta vez, al escuchar la voz de él, en vez de preguntar ¿Qué haces?... o ¿Dónde estás?... solo, coloco el micrófono del teléfono en la corneta del carro para que el mismo, sintiera que ella le estaba dedicando una canción como cuando eran novios.... cuando todo comenzaba... pues para ella, ahora es que venía lo bueno.

De hecho... en su interior Marina pensaba: "esta canción no es la misma que le he dedicado antes...de hecho es un éxito reciente del 2.014"

"Quizás... la letra en ingles no representa la totalidad de las palabras que tengo que decirle... no obstante es un inicio... un buen inicio" ...

Se percataba... que al transcurrir la canción Demons del grupo Imagine Dragons, se debilitaba su alma y al mismo tiempo la carcasa que había construido por años para que nadie le hiriese...

Sencillamente se estaba exponiendo a su esposo con una lírica no compuesta por ella... pero, que se aproximaba bastante a la verdad que el esposo vivía... y que se sentía en el clima del hogar...

A esa verdad que no era más que un conjunto de odios y resentimientos que poseía en el interior Marina... los cuales, al represarse... la hacían estancarse y no evolucionar como ser...

Esa verdad por la que todos hemos pasado alguna vez... y que no es sencilla de describir.

Por tal motivo... a penas culmino la letra de la canción, Marina procedió a emitir esas dos palabras sencillas de pronunciar pero que constantemente nos cuestan decir... y que generan alto impacto en el que las recibe:

- Lo siento... solo pudo decir Marina, casi susurrando.
- ¿Disculpa...que dijiste...?... respondió Alexander, con voz de asombro.
- Dije... lo siento... Raúl (que era el primer nombre de su esposo y como si y solo si lo llamaba en ocasiones muy especiales, pues desde que él se le

presento, siempre vendió su segundo nombre que, era el que más le gustaba).

Hoy he entendido que he dedicado más tiempo a mi trabajo que a mi vida personal.

Que he descuidado a nuestra beba, sus actividades y su crianza por estar más pendiente del dinero que del tiempo que se nos va sin retorno.

Me doy cuenta del buen esposo que tengo... y del poco valor que le he dado...

Sencillamente hoy he entendido que mis valores no los puedo cambiar... pero si los puedo dosificar para un mejor clima.

Que en familia todo es posible, pero sin familia no quiero nada.

¿Me entiendes...?

- Si entiendo... respondió Raúl Alexander con una seriedad que no lo caracterizaba.

  Pero, ¿por qué tocas ese tema justo hoy y por esta vía...?

  ¿Por qué lo hablas por teléfono y no personalmente como usualmente enfrentas los problemas...?

Marina se muerde el labio inferior... sonríe y responde:

- Hoy decidí cambiar...

  Me di cuenta que cada segundo que pasa, ustedes se distancian más de mí... y yo de mi objetivo de familia.

  Por tal motivo decidí aprovechar la tecnología para lo que realmente me importa... y dejarla a un lado para el uso común que le doy: lo laboral.

Entiende que esto es solo el inicio... y discúlpame si he escogido el teléfono como mi opción más rápida para enfrentar los problemas... no obstante, tiempo nos sobrará si me permites para decir todo cara a cara, exponerte mis problemas y juntos, tomar decisiones.
- Tranquila...tomate tú tiempo.
  Me alegro que estés reflexionando y reencaminando el rumbo. Tu hija y yo, estamos aquí para apoyarte, cuentas con nosotros.
  Nos vemos en casa pues la niña ya está conmigo. Allí nos tomamos un Café con Chocolate como el que te gusta... y charlamos a detalle como estuvo tu día y como llegaste a esa conclusión... respondió Raúl.
- Ok Perfecto... allí nos vemos.

A todas estas, Eduardo llega puntualmente a recoger a Patricia (Una muchacha intelectualmente despampanante, blanca, rubia, de buena estatura y figura atlética que, era una de las principales ejecutivas de una firma de abogados que servían como asesores legales de las principales fábricas de automóviles del país) a su casa.

Baja del vehículo, toca el intercomunicador, pero el mismo repica y repica sin nadie que conteste. Marca nuevamente y nada... en ese momento gira para dirigirse a su carro, pero escucha:

- Eduardo!!!... grita Patricia.

Voltea Eduardo inmediatamente, pero, al hacerlo queda perplejo al ver semejante mujer vestida con un Vestido Rosado, sostenido ligeramente en el medio por una correa de cuero negro, tacones negros de 15 cm y una mini cartera negra en la mano...

Maquillaje perfectamente colocado y un peinado digno del mejor salón estilista del país.

- Si... responde Eduardo.
- ¡No puedo creerlo!!!... llegaste puntual... señala Patricia.
- Y ¿Por qué no llegaría Patricia?
- Bueno... es que radio pasillo, siempre dice que ese es el mejor de tus atributos jajajaja.... Señala Patricia.
- ¿Qué?.... noooo vale...
  Eso no es así... refuta inmediatamente Eduardo.
- ¡Ah!... ¡No!!!... ¡Uh!!!!! Dice Patricia con tono irónico
- Bueno... si era así... pero ya no...
- ¿Y eso que ya no?... pregunta con la misma ironía Patricia.
- Es un cuento largo que te contare en el carro y durante la cena si me lo permites... pero, te garantizo que te va a gustar y ser de utilidad también.
- ¡Ah sí!!!... pues comienza que me has dejado intrigada.... Responde Patricia ya con un tono más serio.
- Bueno el asunto es que hoy me reuní con una amiga y un amigo después de años sin hablar y tocamos varios puntos importantes como los son...bla... bla... bla... y comienza a resumir Eduardo todo lo conversado en el día...

Pasadas unas horas de interesante conversación en donde Patricia siempre demostró gran interés e interacción, la misma lo interrumpe y dice:

- Eduardo, es increíble todo lo que han conversado y lo que han aprendido en una tarde.
  Resulta interesantísimo para cualquier trabajador el conocer estos puntos.
  ¿Por qué no escribes un libro cuando terminen de revisar los puntos?...
  Yo te puedo ayudar.
- ¡Ah!!!! ¡Patricia!!!... déjate de burlar...
  Sabes que no puedo hacerlo... responde Eduardo.
- Yo estoy hablando en serio Eduardo...
  Casualmente hoy adquirimos la representación de una importante Editorial por un caso de derechos de autor... y tengo contacto directo con el Presidente de la empresa.
  La empresa es bien grande y reconocida, imprime y distribuye todo tipo de libros a nivel de Latinoamérica y España.
  Si me lo entregas antes de culminar el mes, puedo presentar sin compromiso el material...
  Y si les gusta... quien sabe... a lo mejor comienzas a ganarte la vida dando charlas y escribiendo.
- ¡Que!!!... ¡en serio!
  Me lo juras.... Con gran alegría responde Eduardo.
- En serio...
  ¡Te lo juro Eduardo!!!...
  Siempre has tenido el atributo de contar las historias de forma chistosa, con un lenguaje bien coloquial, sincero, que llega y es entendible por todo... un lenguaje con el que todos nos

identificamos o la gran mayoría... y eso es bueno y te puede llevar a la fama.

Es más, si te comprometes conmigo a entregarlo sin falta... desde el próximo martes, toco el punto con el presidente para hacerte lobby desde ya e ir asentando el terreno...

¿Te parece? responde Patricia.

- Cuenta con ello....

Es más.... ¡MESONERO!!!... grita eufórico Eduardo. POR FAVOR TRÁIGAME LA CUENTA QUE TENGO TRABAJO POR HACER...

Ríe Patricia un poco sonrojada al ver todas las personas que se encontraban en el restaurant observándolos...

- Eduardo!!!... cálmate!!!.... susurra Patricia.
- No Puedo Patricia... toda la vida he esperado por una oportunidad sin saber lo que tenía que hacer... y hoy, me la estas brindando y no la voy a desaprovecha...

  Sin falta dentro de 3 semanas tendrás el material en tus manos para que lo leas, hagas correcciones de así considerarlo, me señales la fecha de exposición y liiiisto a ver qué es lo que ocurre.

  Si lo aceptan genial... y si no buscare otra empresa hasta que logre su publicación.

  No obstante, daré todo para que en la primera sea publicado.
- ¡Qué bueno!!!... de verdad tu alegría me contagia. Amén... a tu proyecto.
- Amen Patricia.

  Y mil gracias por cerrar con broche de oro este día.

De verdad mi más sincero agradecimiento.
- De Nada...
Por este y muchos éxitos más... responde Patricia.

En ese momento... el mesonero trae la cuenta... Eduardo se levanta con apuro a cancelarla, lleva a Patricia a su residencia.... Soñando un poco en el camino...y al llegar a su casa, comienza a escribir desesperadamente todo lo que se acordaba para al día siguiente ordenar las ideas.

Pensó por un minuto, lástima que no lleve una agenda como Marina para haber anotado todo... pero al final... con una sonrisa, lo tomo también de aprendizaje para que no le volviese a pasar.

Por su parte Alberto:

Después de haber salido de la cafetería (y a diferencia de lo ejecutado por Marina y Eduardo) ... decide meditar un rato a solas sobre los planteamientos recibidos, decide reflexionar sobre los hechos, visualizar un futuro ejecutando las recomendaciones dadas por Marina... y claro esta... mejorar su situación.

Se pregunta... mil y una vez si está en la capacidad de ejecutar las recomendaciones... si las mismas surtirán efecto... si sus jefes verán el cambio... si sus empleados y obreros lo tomaran como serio... y lo más importante: si esto realmente le traerá cambios a su vida.

Duda...

Y duda mucho...

Se ve en el espejo del baño, ubicado sobre un viejo lavamanos... y ya no es joven...

Tampoco es atractivo como se sentía antes...

El fracaso le hace sombra y la soledad compañía...

Son pocos los amigos que le quedan y, los que tiene ya gozan de familia... mientras él: fracaso tras fracaso...

Adiós al amor de hogar, al oxigeno de la familia, a las ideas que fungían como combustible en el trabajo... un breve hola no afectuoso es lo que queda antes de una reunión y un hasta luego al finalizarlas... que, sin los otros elementos: alejan la esperanza de revivir el fuego de la vida...

Decide extinguirse... sencillamente.

Pues, el miedo ya se ha apoderado de él y viento se ha llevado sus palabras...

Decide ir a dormir... aun sabiendo que es temprano.

Concluye, después de un rato, que nada puede hacerse hasta no tener el material completo... razón por la que solo debe esperar para poner en practica algo de lo recibido...

Que no vale la pena preocuparse... total Dios proveerá.

Mañana será otro día... será mejor... solo tengo que tener paciencia (se repite en su interior aun sin creerse sus propias palabras).

Ya en cama... toma una píldora para dormir... y bienvenido Morfeo.

En la mañana siguiente, después de mucha meditación sobre lo que había conversado con Marina y Alberto, muchas tazas de Café y un largo trasnocho con música clásica de fondo que lo ayudase a drenar ordenadamente todos los pensamientos que como tormenta de ideas afloraban...Eduardo, decide releer algo más de las setenta y tantas páginas que había escrito en su laptop como parte de lo que había sido la vida empresarial de sus compañeros y propia.

Decreta, que el mundo debe de conocer sus historias y, lo que, para el nuevo Eduardo, es el deber ser organizacional.... Aferrándose a la idea de que el sueño y cansancio poseído, tenían que esperar... al igual que el diablo, que había trastornados sus pensamientos por tanto tiempo.

El nuevo día, después de la luz en palabras obsequiadas por Marina, hasta en cristiano lo habían convertido... y no, porque antes no lo fuese, sino más bien porque un cristiano nunca hubiese hecho, todo el mal que el hizo.

Por su cabeza comenzaron a pasar recuerdos de todas las personas que, por alguna circunstancia de la vida, habían llegado a él creyendo en diferentes religiones: el budista, el cristiano evangélico, los testigos de Jehová, los que practican el judaísmo y hasta la joven chica musulmana, practicante del islam que, con madre católica, decidió por alguna razón seguir la religión de un padre que nunca vio por ella.

Esa, que en un proceso de entrevista al cual Eduardo fue invitado: solicito unas pasantías, para poder optar por el título de Licenciada en Telecomunicaciones que con tanto esmero había estudiado pero, que le terminaron negando (aun cuando eso la alejaría de la obtención del título) por el simple hecho de ir en contra de la imagen de la empresa al solicitarles (a los entrevistadores) con antelación y producto de la religión, cubrir obligatoriamente su cabello con una Burka o Hijab y preguntarles si podía debajo de la camisa manga corta del uniforme, utilizar una licra del color que decidiesen para cubrir su cuerpo hasta la muñeca.

Si señores… así de sencillo, el esfuerzo de cinco años de estudios se veía truncado por el simple hecho de vivir en empresas que valoraban más la forma que el fondo como verdadero ser.

Analizaba Eduardo entonces, tratando de recordar si en algún momento incluso, llegaron a hacerle una pregunta acorde a lo que verdaderamente serían las funciones que debería de realizar esta joven profesional… pero, por más que se esforzaba, no las recordaba por una simple razón… Nunca se le hicieron, tornándose la entrevista en un mero formalismo que giro en el ámbito religioso.

De allí, que con lo antes expuesto… comenzó entonces a preguntarse Eduardo: ¿Cuántas personas serán al día despreciadas por empresas que no comparten la misma religión que un postulante?, ¿Cuántos individuos serán rechazados por no compartir la misma posición política de los líderes de la empresa u organización?, ¿Cuántas veces hemos sido o seremos participes de decisiones basadas en la misandria o en la misoginia, como requisito fundamental para la ocupación de un cargo?, ¿Cuántas veces el color de piel ha impedido que una persona ascienda?, ¿Cuántas veces se ha despreciado un ser por su obesidad o por no acoplarse al perfil estético que venden los medios de comunicación como "belleza"? O incluso y por qué no, ¿Cuántas veces se ha rechazado a una persona por su tendencia sexual, sin importar lo que puede o no aportar a un equipo, empresa u organización?...

Se le venía a la mente el reciente caso de Jasón Collins como primer jugador de la NBA que abiertamente se declara Homosexual versus, las repercusiones negativas que esto trajo a su carrera y entre sus rivales de cancha... incluso, más allá de haberse tornado su camiseta en la más vendida en el sitio web de la NBA desde el momento de su declaración.

Meditaba entonces... ¿hasta qué puntos son las empresas éticas hoy? y mejor aún ¿hasta qué punto son éticos los que dirigen las empresas?... Sinceramente no lo sabía, ni lo llegaría a saber nunca, porque este tipo de información no se divulga a personas externas a las organizaciones ni a personas con cargos diferentes a los denominados "de confianza".

Sin embargo, de algo si estaba seguro: "más allá de lo que había pasado o podía seguir ocurriendo en las empresas, mientras él escribía su libro... el cambio les llegaría a algunos cuando el presente libro se publicase".

Estaba seguro que muchas personas al ver escritas estas realidades harían eco suficiente para que otras tantas

comprasen el libro, para que se motivasen a asistir a las charlas que en algún momento Eduardo dictaría y, sobre todo, para hacer donde pudiese... labores sociales que le permitiesen a aquellos que por alguna razón estaban impedidos a asistir, el gozar gratuitamente de estas palabras.

Palabras, que con cada tecla presionada en un teclado... se tornaban minuto a un minuto en un deseo trascendental de conclusión de la obra. En un deseo, de relatarle al mundo lo que para él sería una nueva y mejor sociedad ética.

Por todo esto, Eduardo toma su teléfono, decide llamar a Alberto para ver la posibilidad de ese mismo domingo, reunirse con Marina y terminar parte de los puntos aún pendientes por conversar.

En tal sentido, al contestar Alberto la llamada, lo primero que dijo Eduardo fue:

- Alberto!!! Buenos días hermano… ¿Cómo amaneces?
  ¿Podrías indicarme el concepto de adaptable y selectivo, al mismo tiempo que me des un ejemplo de cada caso?
- ¡Uhhh!!!... responde Alberto medio dormido.
  A ti que bicho te pico anoche, que has amanecido tan excitado.
  Y, ¿Cómo es eso de preguntarme a las 6:30 de la mañana conceptos y ejemplos?
- He encontrado mi camino hermano… lo he descubierto mientras cenaba con Patricia...
  Felicítame...señala con emoción Eduardo.

- ¿Por qué debo de felicitarte y quién diablos es Patricia?... si no entiendo nada de lo que dices, responde Alberto.
- Bueno amigo iré al grano... estoy escribiendo un libro, he pasado toda la noche redactándolo, tengo la cafeína haciendo estragos en mi torrente sanguíneo y necesito urgentemente que cuadremos una cita con Marina para ver lo que resta de materia hoy mismo.

  Adicionalmente, mientras me brindas el número telefónico de Marina, necesito que pienses lo que te he preguntado y me adelantes las respuestas para de una vez, mientras tomas un baño, desayuno y terminas de despertarte... yo avanzo en el libro.
- Pero ¿Por qué hacer un libro?, insisto.... Pregunta Alberto.
- Bueno amigo, ayer conversamos que todos los seres necesitamos descubrir las razones por las cuales debemos mejorar. Y en mi caso... he descubierto una importante: Una chica hermosa y sencilla que me ha cautivado, brindándome la oportunidad de mi vida... la oportunidad de entregarle mí libro a un Presidente de una Editorial para, que el mismo lo revisé y evalué.

  Sé bien, que me vas a decir que eso no me garantiza nada... y no me importa porque como familia que casi eres... debo de ignorarte para llegar a ser un emprendedor.

Sumado a esto, ahora que sé y tengo claro el rol que he jugado en la empresa donde laboro y el papel que han tenido cada uno de los seres que bien me acompañaron en las decisiones o, que por alguna razón justificada me juzgaban…. Me ha surgido una nueva necesidad, que es el cortar mi relación laboral tan pronto como sea posible para empezar desde cero, con algo que si me apasiona.

Adicionalmente, ahora veo todo muy fácil… o eres amante, cuentista o cartógrafo, pero casi imposible es el hecho que puedas desarrollarte en las tres áreas simultáneamente, salve que con dedicación buscases el balance y equilibrio… Y eso es lo que quiero para mí y la familia a conformar en algún momento… Dios quiera que sea con Patricia.

Ya para concluir… he plasmado en todas las páginas escritas hasta el momento, de manera perfecta y envidiable, los tres valores que me escaseaban junto al deber ser, pero, por más que entiendo la adaptabilidad y la selección, como los dos últimos valores mencionados el día de ayer; no logro plasmarlos con el ahínco que merece el tema.

Por ello requiero de tu apoyo y solo espero que me des lo mejor de ti… comenzando como te señale hace algunos instantes con el teléfono de Marina para llamarla y con o sin ti, reunirme con ella.

- Bueno… si ese el caso y tu deseo, pues aquí te va.

Primero, el número de Marina te lo acabo de enviar por mensaje de texto… para que te reúnas con ella el día de hoy si puede. En mi caso, de verdad no estoy de ánimo como para salir a una reunión, así que me quedare todo el día en casa descansando.

Segundo, en lo que respecta a la **ADAPTABILIDAD** te puedo decir que el camaleón, no es el animal más fuerte que he visto, ni el más grande, pero esta entre mis favoritos por el simple hecho de sobrevivir constantemente, adaptándose al ambiente… comprendes ahora….

Adaptabilidad, es eso amigo mío que estas realizando al estar dispuesto a asumir el cambio, a dejar tu trabajo por un sueño, a enfrentar nuevos retos sin estar preparado, pero con la sola convicción de, pase lo que pase lo enfrentaras.

Es eso por lo cual muchas de las personas que iniciaron en algún momento como pasantes, obreros, señores de limpieza, etc…llegaron con el pasar de los años a ser los presidentes de algunas organizaciones importantes. Tan solo tuvieron alguien que les brindase la oportunidad, que les dijese lo que debían de hacer o hacia donde ir…. Y ellos con sus decisiones acertadas, construyeron su futuro… asumiendo riesgos que otros no se atrevieron por comodidad, resistencia a cambio, flojera, conformarse con lo que tenían o sencillamente dudar de que existe una probabilidad de éxito solo para aquellos que se arriesgan a tomarla e ir por ella.

De hecho, hablando de adaptabilidad y en línea perfecta con el ejemplo que estás buscando: acabo de recordar una vez en que una analista de compras fue a quejarse a mi oficina porque en un ascenso a coordinadora de compras, no se le había tomado en cuenta, aun cuando tenía más antigüedad en la organización que la persona ascendida, más experiencia laboralmente hablando, más años de vida e incluso ella había adiestrado a la otra analista que recientemente habían ascendido, cuando esta ingreso a la organización.

A su sorpresa, saque del archivo dos evaluaciones que le había realizado en años anteriores y consecutivos su Gerente. En las mismas señalaba con firma tanto de la Analista Evaluada como del Gerente Evaluador, en lo que concierne a puntos de mejora: *"El cargo de Coordinación de Compra es una vacante recomendable para la Evaluada, siempre que la misma se comprometa con la organización a culminar la licenciatura que dejo inconclusa.*

Adicionalmente a la Analista se le ha explicado que Organizacionalmente el Cargo de Coordinadora, requiere profesionales con cinco años de estudio a fin de mantener la banda salarial entre los máximos y mínimos pertinentes acorde a nivel de instrucción.

En tal sentido la empresa se compromete a cancelar un mínimo de 80% de la matrícula de estudio siempre que las notas de la analista estén sobre un perfil bueno y hasta el 100% de resultar entre los tres mejores índices académicos de su profesión, a partir de la inscripción de la evaluada en una universidad de su elección.

La analista desde ya entiende que, de abrirse una vacante de coordinación, si y solo si podrá aplicar a la misma, siempre que tenga el título en mano y/o en previo acuerdo con la Gerencia de Compras, denote al menos la consecución de sus estudios".

Al ver la analista las evaluaciones... y escuchar en mi voz, tan clara y objetiva observación... trato de esquivar su responsabilidad y achacar la decisión gerencial a un estricto favoritismo hacia la otra analista.

Razón por la que, a tal efecto o comentario, solo respondí... la otra analista tenía el mismo grado académico que cuando tu llegaste hace 5 años, tenía las mismas responsabilidades laborales, el mismo horario, el mismo sueldo, ningún vehículo, vivía alquilada y tan solo contaba con su novio... un obrero de una empresa no reconocida que goza de sueldo mínimo.

A diferencia de tu persona, tenía menos herramientas para afrontar nuevos retos… no obstante en tres años ha logrado comprarse un vehículo usado, no en óptimas condiciones… pero que le sirve para ir a la universidad y venir al trabajo.

Ha invertido en una casita humilde, donde se asentará con su futuro esposo… el mismo con el que ha venido construyéndolo.

Está terminando su licenciatura en una universidad privada, de noche, saliendo a las 10:00 p.m. todos los días… he incluso saca materias para avanzar semestres los sábados de 7:00 a.m. a 4:00 pm.

Nunca ha faltado ni desmejorado su rendimiento por trasnocharse haciendo los trabajos que le envían en clase y nunca ha utilizado la universidad como excusa para faltar… entonces… ¿tiene ella más méritos que tú para optar por el cargo?

Sin que me quede nada por dentro debo decirte que si… aun cuando lamento que, aunque ella no tiene en sus evaluaciones la misma recomendación que tu si tuviste… termino sacando provecho por visualizar y ejecutar algo que tu no quisiste.

A partir de mañana, tendrás que reportarle a ella tus acciones... frustrándote al saber que ese puesto fue tuyo de palabra... pero, lamentablemente no te adaptaste para que en hechos realmente se te adjudicase.

Dentro de un mes será mayor tu frustración al ver que materialmente ella crecerá aún más, ahora que tendrá mejores beneficios económicos...y, probablemente en unos meses estarás renunciándonos si, la inmadurez con la que te has presentado hoy, no la cambias y terminas por asumir el cambio que la organización quiere y desea para tu vida.

Al exclamarle esto que te cuento... sencillamente bajo su cabeza por un momento y pasado algunos segundos, rápidamente la subió para decirme... entonces me pudriré en ese cargo, pues nunca hare lo que desean.

Le respondí: Esa es tu decisión... no mía... le dejo eso a tu conciencia.

Procedió a salir de la oficina y hasta el día de hoy sigue haciendo lo mismo... se conformó, y acepto que ella está donde quiere estar.

- Increíble Alberto... responde Eduardo.
  Muy parecido a mi caso, pero visto ahora desde otra perspectiva.
- Así es Eddy...

Ahora bien, para concluir tus preguntas me permitiré hablarte de:

ASERTIVIDAD

En vez de selección que creo lo tienes bien claro...

Y te hablare de asertividad por que vi el término escrito en la agenda de Marina, solo que no nos dio tiempo de discutirlo. De esta forma ya llevaras ventaja para la conversación que sostendrás solo con ella y podrás comparar conceptos para escribir lo mejor de ambos.

No obstante, antes de comenzar con mi charla deseo ver como utilizando el mismo ejemplo conversado, tú mismo procedes a analizar y combinar valores o conceptos, ¿estás de acuerdo amigo?

- Totalmente en línea amigo, responde Eduardo
- Entonces, ¿Qué me puedes decir?... y ¿Qué pondrás en tu libro Eduardo? señala con gran interés Alberto.
- Bueno, para empezar el ser asertivo indica una forma de comunicación que parte de la honestidad del ser, de llegar a un acuerdo o posición media entre mis necesidades y las necesidades del otro sin expresar agresividad o pasividad. De ese ganar-ganar que nos permita respetar posturas, pero siendo respetados o mejor aun sintiéndonos respetados.

Partiendo de este concepto, la analista que no fue ascendida y que se presentó a tu oficina con la intención de que echaran para atrás la decisión de promoción de su compañera sin, tener presente el estudio exhaustivo que había realizado y justificado su gerente ante sus pares y la Gerencia de Recursos Humanos liderada por ti; ya había su perdida batalla en lo que asertividad respecta pues desde el momento que pensó en ir a reclamar agresivamente, se había salido del concepto.

La segunda batalla, la perdió al haber firmado sus evaluaciones con, comentarios tan claros y específicos que no daban lugar a dudas en lo que a políticas de la organización para un cargo refiere, en lo que a salarios respecta, en lo que apoyo para que mejore atiende y sobre todo en línea con lo que significa su compromiso en el cargo y la organización. De aquí, que de manera asertiva su Gerente había tumbado cualquier posibilidad de argumento que la misma pusiese a futuro sobre una designación a favor o en contra de la misma, había sido asertivo al generar un acuerdo o compromiso formal por escrito con la empleada y ella tristemente, ya no podía hacer más nada.

Y, la tercera batalla la pierde al no ver en su compañera, un serio contrincante a una posible vacante de Coordinadora de Compras… la menosprecio, subestimo, se confió, etc... y termino reportándole a la persona que menos esperaba. Siendo de esta forma también poco asertiva, pues una persona que no ubica sus necesidades ni identifica las necesidades de los otros... jamás vera las oportunidades o las amenazas que están por llegar para sentar una postura o plantear una estrategia que mimetice el efecto o anticipe los resultados.

La guerra de la asertividad, en esta ocasión la gano la analista con menos tiempo en la organización cuando sin haber sacado provecho de una beca estudio, sin haber molestado al gerente con permisos, haciendo excelente su trabajo, demostrando ambición y ganas de surgir, de crecer, de mejorar... plantea al Gerente de Compras que está por terminar su licenciatura y, que si bien está al tanto que hoy no cubre el 100% de los requerimientos para el cargo... si se le da una oportunidad... no le defraudara.

Y el Gerente, sabiendo que tiene la decisión en sus manos... que existe una propuesta en donde se formalizo el hecho de que al estar al menos estudiando una persona se puede optar por una coordinación, revisándose el caso... decide adjudicárselo en periodo de prueba (por qué imagino que así debió suceder), ¿cierto Alberto?

- Cierto... no te equivocas en nada, Eduardo. señala Alberto.

- Quedando la Analista de mayor tiempo como una fracasada...ante sus compañeros, su jefe y lo peor... internamente, porque me cuesta creer que este feliz y haya asimilado por más madura que sea, ese golpe institucional tan duro.
- Pues Eddy, lo creas o no... sigue con nosotros... haciendo exactamente lo mismo.

  Ahora bien, hermano... teniendo tan claro tú los puntos de lo que es ser asertivo, creo que no es mucho lo que pueda aportar, de aquí que si me disculpas debo dejarte para adelantar unos asuntos pendientes, desayunar y ver que voy a hacer con mi vida...pues, ustedes ya están volando y yo no he salido del andén jajajaja....

  Un abrazo... y saludos a Patricia.... Termina despidiéndose Alberto.
- Ok, Alberto...

  Mil gracias por tu ayuda...disculpa lo temprano de la llamada vale.

  Nos estamos viendo, y espero que pronto puedas conocer a mi futura señora... jajajajaja responde Eduardo entre risas...
- Jajajaja, así sea hermano Adiós... hablamos luego, procediendo a trancar el teléfono Alberto.

Al colgar... inmediatamente abre el mensaje de texto que le había enviado Alberto a Eduardo con el número de contacto tanto de la casa de Marina como de su móvil y, procede a marcar el primero para lo antes posible, reunirse con su mentora.

Comienza a repicar el teléfono... pero nada, no contestan en casa de Marina.

Procede a marcar nuevamente el teléfono, comienza a repicar otra vez... y ya después de mucho sonar, casi en el último sonido del auricular... escucha la voz de Marina con un tono de cansancio como cuando uno corre a tomar algo imprevisto...

- Aló Buenos Días responde Marina.
- Aló Marina... como estas es Eduardo.
- Hola Eduardo ¿cómo estás?... y eso que me llamas tan temprano.
- Feliz Marina, feliz... con la mente en positivo y 100% focalizado en las metas a logar. Metas, en donde tu participación y apoyo es vital... de aquí mi tan temprana llamada.
- Vital... jajaja Eduardo tu si tienes cosas... responde Marina.
- Bueno está bien Marina... vital, vital no... pero si de alto impacto y relevancia para nuestras vidas y la de muchas otras personas en situación como las que conversamos ayer.
- ¡Ok!!! Entiendo.... Pero, de que se tratan esas metas Alberto.
- Marina, te lo podría contar en persona por favor... porque, más allá de la charla sostenida el día de ayer... necesito que avancemos en esos temas pendientes lo antes posible.
Esperar una semana me resulta demasiado y, cuando sepas de que se trata... seguramente para ti también así resultará.

- ¿Y qué propones Eduardo?... porque ahorita estoy ocupada atendiendo la familia como tenía tiempo que no lo hacía.
- Bueno no se... si quieres puedo llegarme donde tú vives y conversamos del tema... ¿te parece Marina?...
- Ok, no hay problema... te envió mi dirección por mensajito y nos vemos dentro de dos horas... ¿está bien Eduardo?
- Claro... mejor imposible... perfecto en dos horas allí estaré. No obstante, me dejas con una duda, ¿Por qué dices que estas atendiendo a tu familia como hace tiempo no lo hacías?
- Sencillo Eduardo, cuando empiezas a crecer económicamente... empiezas de forma paralela a dedicar exceso de tiempo a las cosas que no son importantes para ti... o, mejor dicho, que no te llenan profundamente.

Empiezas a buscar más tiempo para laborar donde no lo hay, pues el día por más que te esfuerces tiene solo 24 horas y punto, sin importar lo que te inventes.

El tiempo que se va no regresa... así que todo debes hacerlo de hoy para hoy...

No obstante, cuando creas una familia, creas al mismo tiempo necesidades paralelas que si bien para ti pueden llegar a no ser importantes, para los que conforman tu hogar pueden marcar huellas significativas positivas o negativas acorde a tu actuar...

Porque ellos necesitan de ti así no te lo digan directamente, necesitan que te involucres en sus actividades, sin importarles lo que pasa en tu trabajo, los problemas que tengas en la cabeza o cualquiera de las excusas que puedas colocar con o sin razón...

Necesitan, tanto esposo, esposa, madres, suegra y principalmente los hijos que asistas a los cumpleaños con un debido regalo, que vayas a la cena de fin de año de la empresa donde laboran, a los quince años de la hija del Jefe de tu marido, a la obra de teatro de la beba, al concurso de baile que participará el próximo sábado en otra ciudad, a las fiestas en la piscinas o mini spas que hacen paras las bebas, las madres de las compañeras de clase de tu chama, etc... Etc...

Necesitan que estés... y no solo físicamente, sino en mente también. Pero, brutamente... no solemos ver esta realidad por más clara que este.

Podemos ver nuestra chama llorar al dejarla en el kínder garden o guardería y sencillamente nos hacemos de la vista gorda... la entregamos pensando que la maestra resolverá, que después de un rato la niña se calmará y olvidará, pero... ¿realmente será así?... no por el hecho de que se calme, sino más bien porque olvide...

¿Será que deja pasar el hecho de que no asistí a su primera obra de teatro u acto de grado? ¿Será que no le importa ser la única nena que no tiene a su madre en una fiesta?... ¿Es posible que prefiera el desayuno de una cantina en el colegio que, la comida rica hecha con las manos de mamá?...

No lo sé... y me di cuenta porque mi esposo me lo ha preguntado el día de ayer, después de mucho

tiempo que no conversaba abiertamente con él y no tenía ni idea de que responder.

Me ha señalado que si veo bien que la empleada de servicio sea la que crie a mi hija y la única respuesta que se vino a la cabeza fue un no…

Ha señalado, si podría criticar el día de mañana la cultura y la manera de actuar de la beba para conmigo y la sociedad, partiendo de los valores que le entrega la empleada de servicio a la nena y, el nivel bajo de exigencia que le tiene partiendo que la señora es casi analfabeta.

¿Podría yo reprocharle a la beba en algunos años que no desee salir conmigo, que saque excelentes calificaciones si ni siquiera le enseñe las vocales, etc., etc.?

Nuevamente mi respuesta fue no…

Incluso, me señalo que, si podría juzgarlo por el hecho de buscar en otra mujer, ese calor humano que cubra las necesidades de amor, sexuales, comunicacionales, de disfrute en familia, etc.… y nuevamente con lágrimas en la cara, solo pude decir que no….

Así que bueno… hoy es tiempo también de cambiar esos puntos.

Es tiempo, de hacer un desayuno… de meter a lavar la ropita con el suavizante que mi marido ama para oler rico, de darle un día de descanso remunerado a la señora de servicio que bien se lo ha ganado por cubrirme por tanto tiempo en el que estuve ausente, de que mi esposo conozca al menos uno de mis pocos amigos, entre otras cosas que podremos hacer estando tu aquí.

- Qué bueno Marina, de verdad me alegro que estés cambiando y que las cosas estén mejorando... sinceramente no tengo palabras como describirte mi profundo agradecimiento; te deseo lo mejor de este mundo y para compensar un poco mi gratitud, permítanme que lleve para el almuerzo una estupenda paella elaborada en el restaurant favorito de mi mamá. ¿Te parece?
- Uhmm que rico Eduardo... 100% de acuerdo, te espero entonces...
- Seguro nos vemos... en un rato Marina. Y procede a colgar Eduardo el teléfono.

En ese momento, con una sonrisa en la cara, Eduardo sale corriendo al baño... se mira en el espejo y ve un tipo con ojeras, desaliñado, con un inicio de barba desordenada, el cabello despeinado y con un olor... no muy agradable que digamos.

Piensa, que tiene al menos por un rato, dedicarse a él... tomar un buen baño, afeitarse, ponerse colonia, escoger el mejor jean, los mejores zapatos, la mejor camisa y claro está, buscar esa vieja grabadora que por mucho tiempo estuvo engavetada para, dejar absolutamente todo lo que con Marina conversará, en una cinta que con calma podrá revisar, escuchar y lo más importante plasmar en su libro.

Pasado... un rato y ya listo, Eduardo procede a prepararse el desayuno y a tomar de una vieja mesa de noche que tiene al lado de su cama, una tarjeta con el nombre del dueño de ese viejo restaurant español, al cual asistía con su padre y, que tanto le encanta a su madre.

Saca su celular del bolsillo y procede como cliente habitual a solicitar que por favor le envíen a las 12:00 p.m., a la dirección expuesta por Marina, una paella para 4 personas, la cual sería cancelada en el sitio en efectivo.

Ya con pedido en mano y con una apariencia rejuvenecida... procede a montarse es su carro, conectando inmediatamente su iPod al reproductor del carro. Seguido, de la pulsación perfecta a una lista de canciones que había descargado con una serie de nuevos éxitos entre los que se encontraba Say Something del grupo A Great Big World, Your Love is a Song de Switchfoot, Just Another Girl del grupo The Killers, Storm del grupo Lifehouse, You found me del grupo The Fray, entre otras.

Inspirado... conducía, imaginando una vida mejor... una vida distinta a la que tiene actualmente... una vida de esas que solo se ve en telenovelas, películas de cine o cuando se hacen las presentaciones de premios como el Oscar, Grammy, etc... en donde estrellas con bellos rostros, esplendidos atuendos, joyas, choferes y limosinas entre muchas tantas cosas... solo sonríen disfrutando el momento.

Se imaginaba Eduardo, no en una casa inmensa en la colina de una isla en Grecia... y ciertamente tampoco anhelaba una pareja de Ferrari y Lamborghini estacionados en el frente de su casa...

No visualizaba un helicóptero ni un jet privado...y mucho menos, cientos de sirvientes rodeándole para cumplir sus caprichos...

Lo único que realmente quería era... disfrutar la vida; pues de todo lo material que rodeaba a los famosos... lo único que realmente le llamaba la atención, eran las sonrisas con la que aparentemente gozaban la vida.

Ciertamente, comodidades debe de haber en todo hogar... y él no las tenía del todo... razón por la que un pequeño town house de 3 habitaciones, ubicado en una zona normal de su ciudad, un patio con 2 o 3 niños corriendo, amigos jugando un domino mientras la parrilla se hacía y, las esposas de todos sentadas en la sala tomando un buen vino... era quizás... el mejor de los regalos que el éxito del libro podría traer.

A sus viejos... los visualizaba en una pradera, con unas mecedoras de madera resistente y el rosar del viento en sus cabellos. Los pájaros cantándoles al atardecer mientras un riachuelo emanaba ese esplendido sonido que resulta del fluir del agua entre las rocas.

Los nietos visitándoles continuamente para recibir ese amor que solo los abuelos pueden dar... y, para aprovechar el tiempo de vida que no es mucho, cuando uno les ama y les desea vida eterna... que siempre nos acompañen para, en las malas tener alguien a quien acudir... más allá que no tengan la solución en sus manos, al problema que les presentamos.

Porque sus frases, sabias son.... Incluso en el silencio; E indistintamente del dolor que un hijo pueda tener... encuentran el remedio que nos lleve de nuevo a la felicidad bien sea con un postre, una palmada en el hombre, un abrazo, la respectiva bendición y el beso de despedida...

En ese momento... Eduardo, comienza a llorar... y no sabe si de felicidad por haberse dado cuenta que el soñar no cuesta nada y nos alimenta la vida, o porque finalmente ha descubierto que el llorar no es más que la ruptura de las caretas que nos ponemos en la vida para que otros no puedan herirnos.

Llorando, es el único momento en el que realmente estamos desnudos y nuestros sentimientos afloran... en este sentido no deberíamos sentir pena cuando nos encontramos con este hermoso sentimiento. Y si de soñar e trata, so lo puede pensar que es la razón que hace que cada día nos despertemos con ganas de vivir por algo o alguien, incluso en las enfermedades. "Nadie tiene derecho a quitarnos los sueños" exclamo Eduardo mientras pensaba todo esto... "Debo y tengo que conseguir el éxito del libro".

Pues, en la muerte... que es la liberación del llanto terrenal y el inicio de una realidad eterna en donde el reencuentro con aquellos seres querido, no tendrá límite de tiempo autorizado por un corazón latiente... será motivo de gloria cuando el Éxito y la autorrealización se han logrado.

Con lo antes expuesto... y con muchas ideas que venían a la cabeza de Eduardo, producto de las canciones que estaba escuchando mientras conducía; al darse cuenta, ya se encontraba en el frente de la casa de Marina.

Saca su pañuelo, se seca las lágrimas, apaga el vehículo quedándose para escuchar el grupo The Nixons, con la canción titulada Don't Cry, juega a la batería con el volante de su carro y al concluir la canción... procede a bajarse.

Sube unas pequeñas escaleras, toca el timbre e inmediatamente sale Marina con un espléndido vestido tejido de color rojo el cual, ciertamente le lucia muy bien.

Eduardo a penas la ve, procede inmediatamente a abrazarla fuertemente...

Marina, un poco sorprendida por tan caluroso abrazo... solo se deja llevar y lo abraza con fuerza entre la sutileza de su ser.

- Mil gracias de verdad Marina, te doy por recibirme en tu hogar con la prontitud que amerita el caso, susurra Eduardo en el oído de Marina.
- De nada amigo... de hoy en adelante estamos aquí cuando lo necesites... responde también Marina casi susurrando.
  Pasa y siéntete como en tu hogar.
  Adentro, al final... en el jardín esta mi beba Sofía con mi esposo Raúl jugando.
  Si gustas podemos sentarnos a hablar en la sala o bien irnos al jardín a conversar en el comedor de mimbre frente la piscina.
- Este... preferiría que nos reunamos en el jardín para focalizar una imagen que ha venido conmigo todo el camino...
  Tu casa es preciosa y muy parecida a la de mis sueños... quizás, excede en algo los lujos que me imagine mientras la visualizaba en el transcurrir de mi venida a tu casa... sin embargo, jajajaja

perfectamente me acostumbraría a vivir en un lugar así... señala Eduardo con una voz un poco temerosa.

- Jajajaja mil gracias por el halago... no obstante cada cosa que ves aquí ha tenido una gota de sacrificio. Todo, no pudo comprarse al mismo tiempo... así que no te preocupes, poco a poco podrás ir llenando esa casa soñada con cosas como estas o mejores.

Solo, debemos de comenzar a trabajar... que te parece si ponemos ya las manos en la obra... sígueme... comenta Marina.

Pasando a un lado de dos salas espectacularmente decoradas en blanco y negro, cercanos a una cocina espaciosa con accesorios en acero inoxidable que resaltaban entre el granito negro del tope y, unos gabinetes tan blancos como la pureza misma.

Marina dirige a Eduardo a una ventana panorámica de no menos de 6 metros de alto por unos cuantos de ancho, que al abrirse corredizamente de manera electrónica daban al patio...

Procede a abrirla e inmediatamente se topan con un señor alto (aun cuando estaba sentado), blanco, de cabello castaño y gran risa que tenía en sus brazos perfectamente estirados; a una niña hermosa, de rulos dorados y cachetes rosados como cual persona del páramo.

La beba, con risa a carcajada pedía a su padre que la lanzará al aire y la atajase... a fin de sentir, el efecto de caer al vacío con la confianza de que alguien estará allí para agarrarte... ¿y quién mejor que uno de tus padres?

Al ver Raúl a Eduardo, inmediatamente bajo a la beba, se paró de la silla e inmediatamente extendió su mano derecha diciendo:

- Bienvenido Eduardo...
  Un placer conocerte... soy Raúl Alexander Palacios el esposo de Marina. Y esta pequeñita es Sofía... Salude Hija...
- Con la manito al aire moviéndole abierta, Sofía procede a saludar...
- Un placer conocerles, responde Eduardo mientras de manera recíproca estrechaba la mano de Raúl.
- Así que estas escribiendo un libro... comenta el esposo de Marina.
- Este... si... responde Eduardo mirando a Marina de una manera un poco extrañado.
  ¿Cómo lo sabe?... voltea a preguntarle al Sr. Raúl mientras ponía la misma cara de asombro...
- Soy brujo... totalmente serio contesta Raúl.
  Y puedo leer sus pensamientos...
  ¿No se lo dijo Marina?... porque suele ser lo primero que dice de mí.
- Jajajaja se escucha el reír de Marina a la espalda de Eduardo...
  Claro que no Raúl... no lo asustes... jajaja que mírale la cara al pobre.
  Esta desconcertado....
  Se está preguntando como lo sabes... si él nunca me lo dijo...

Bueno… déjame decirte Eduardo que después de tu llamada, como media hora después me llamo Alberto a preguntarme si me habías llamado por que dudaba de una idea loca que tenías en mente. Me pregunto si habíamos conversado sobre el tema y yo le dije que no… entonces procedió a resumirme un poco la conversación que tuvieron.

Como tenía a mi esposo cerca, escucho parte de la conversación y bueno… como no es casi chistoso el niño, te agarro de sorpresa con uno de los actos premeditados que suele hacer.

- Ahhhh… Ok… ya me la estaba creyendo… jajajajaja…
  Buena jugada… me agarro por completo Sr. Raúl…
- Así es… pero no te preocupes, que prometo hasta al almuerzo no volverlo a hacer.
  Marina, me llevo a la beba al cuarto que vamos a ver la Sirenita y les dejo para que charlen tranquilos… comenta Raúl.
- Ok querido, no hay problema… cualquier cosa me avisas… besos… chaito… le responde Marina a su esposo, mientras sacudía la mano con un gesto de adiós y lanzaba un beso a la beba al finalizar la frase.

  A ver, sígueme Eduardo…. Terminemos de llegar y sentarnos.

Caminan unos pasos más desde el ventanal hasta las sillas, pasando por la grama para llegar al comedor que se encontraba en frente de la piscina.

Proceden a sentarse, y reinician la conversación justo en el punto donde habían quedado el día anterior.

- A ver Eduardo, que puntos quieres tratar para que culminemos tu libro de manera exitosa... señala Marina.
- Bueno Marina, ayer señalaste que había 10 valores que debíamos representar, pero solo tocamos 4…. Mas 1 que vi en tu agenda y ya adelante. ¿Cuáles son los otros 5 que tienen tanta importancia para ti, gerencialmente hablando?
- Ok perfecto...

El que sería para mí el Sexto valor pues el quinto ya lo conoces y sé que lo trataste con Alberto es:

LA FIRMEZA

¿Porque mi querido Eduardo?...
Por qué todo Gerente que se respete debe antes de tomar una decisión revisar todo el panorama, a fin de que cuando emita su conclusión... la misma sea irretractable, concisa y segura.

La firmeza nos da prestigio organizacional... nos otorga respeto por parte de nuestros colegas, nos brinda liderazgo ante nuestros seguidores al mismo tiempo que les permite comparar nuestro criterio en escenarios difíciles o de incertidumbre.

Un líder, no puede titubear, aunque esté pensando en el fracaso o existan altas probabilidades de errar... porque si lo hace su equipo inmediatamente se tornara tan frágil como un cristal; perdiendo poder y la unión que solo él puede preservar.

Es, como cuando en una guerra el comandante del batallón decide que al enemigo hay que enfrentarlo, más allá de no tenerlo a la vista y desconocer con qué clase de armas saldrá el adversario…

Llegado el momento de la verdad y, con la batalla a punto de comenzar… si la orden del comandante no es convincente, si genera duda en los soldados, si el lenguaje corporal y los gestos del líder son contrarios a la verdad dictaminada antes de estar en el sitio… ocurrirá una masacre pues en plena batalla, los soldados se replegarán sin orden… exponiendo su espalda a una muerte segura.

No obstante, y caso contrario… si el líder fomenta el valor, el coraje, da garantía de la victoria, reafirma que al acabar la batalla celebrará con hojas de laureles; la probabilidad de éxito se incrementará en "n" porciento… pudiendo incluso en condiciones adversas dar una sorpresa estadísticamente posible en un micro porcentaje.

La firmeza… definitivamente viene con el carácter, incluso van de la mano, por que en algún momento un Gerente deberá sacar las garras para defender su ideal. Pues es normal que alguna oveja se quiera salir del rebaño… y allí es donde el

pastor, deberá gritar, amonestar u hacerse sentir para que todos le sigan y... si la oveja descarriada no retorna... tener memoria suficiente para a posteriori castigarla.

De hecho, tocando este tema claramente puedo recordar, un caso vivido en el que las decisiones de la empresa, indistintamente de su importancia, debían si y solo si pasar por el presidente para, que finalmente el diese el visto bueno... producto del mal momento financiero por el que pasábamos.

Un día, por condiciones excepcionales no se pudo realizar un inventario con el que se calculaban las comisiones a ser recibidas por el personal de Almacén en caso de no haber faltantes o totales o desviaciones por SKU´s (número de ítems). Indistintamente, el Gerente del área que debía haber planificado la actividad para cumplir con las condiciones económicas acordadas con el personal a cago, decidió pasar los montos a pagar individualmente al departamento de Recursos humanos para, que el mismo las incluyese en la nómina que estaba por correr.

Al enterarse el presidente de la empresa de lo ocurrido, procedió vía mail a convocar a todos los gerentes a una reunión extraordinaria con el fin de poner en su lugar al Gerente de Almacén por, haber aprobado un punto de cuenta sin su autorización.

El primero en aparecer a la reunión fue el propio Presidente que sentado en la mesa principal del salón especial dispuesto para este tipo de ocasiones… ya esperaba por nosotros.

De ante mano, el clima era pesadísimo… pues el silencio rotundo por parte de la máxima jerarquía organizacional no era normal. No daba por iniciada la reunión hasta que estuviésemos todos sentados… e incluso no emitía ni saludos ni comentarios a medida que cada quien se sentaba cuando, la cordialidad y el carisma era normal en el personaje.

Pasados 10 minutos, ingresa de ultimo y de manera tardía el Gerente de Almacén por la puerta de la sala de reuniones… el Presidente, enfurecido… lo sigue fijamente con la mirada hasta que el Gerente se sienta.

En ese momento, el presidente se levanta de su silla, eleva como nunca antes su voz y comienza su discurso:

Estimado Gerente de Almacén, si usted desea continuar en esta mesa es mi deber exigir de manera inmediata por parte de usted 2 cosas:

- o La primera, una disculpa formal dirigida a todos tus colegas por haberse presentado tarde y retrasar la reunión. Sacándoles de

paso de sus asignaciones cotidianas para estar presentes en esta reunión donde debo aclarar por última vez como son los procesos, pues obviamente usted no los entiende.
- Una explicación detallada, del porque usted ha violado las normas establecidas tanto para el pago de bonos como para la autorización de dicha corrida por nomina sin mi aprobación.

Pausadamente, el Gerente de Almacén procedió a responder lo siguiente:

- Le pido disculpa a usted y a todos mis compañeros por haber llegado tarde y no informarles, aunque sea telefónicamente, la causa de mi retardo... pero, tenía que decidir:

    O venía a escuchar la verdadera causa por la cual estoy seguro que se convocó la reunión o, llamaba a los cuerpos policiales del estado para agarrar en flagrancia, tres almacenistas que estaban ocultando dentro de unos tambores que serían despachados a un proveedor, activos de la empresa para robárselos y direccionarlos a su casa con complicidad del chofer.

    Creo que, por mi retardo, ya sabe que decidí... no obstante si duda de mi versión, mientras los analistas de contabilidad cuantifican el costo del hurto frustrado para entregarlo a las autoridades como pruebas. Pueden bajar y ver.

o En cuanto a su segunda solicitud, debo de señalarle que viole, violo o violare toda norma que atente contra mis principios… porque es por ellos que pude atrapar a los ladrones.
Si le interesa el detalle… con gusto lo relatare:

a.- No pude hacer el inventario porque el piso del almacén no está en un estado óptimo, esta resbaloso al punto que los montacargas se colean y/o pican cauchos cuando arrancan… Recursos Humanos lo sabe… y el departamento de SHA también… más no han hecho nada durante todo un mes para solucionarlo, aun cuando implica un riesgo para todos lo que allí trabajamos.

b.- el volumen de venta está repuntando (más allá de que estamos lejos todavía de los números deseados a la fecha); pero el personal que está en presupuesto no está completo. Desde hace 2 meses nos hacen falta 2 vacantes y todavía no llegan al Staff.

c.- He hecho seguimiento para que no diga que no alerte, al punto que: Tome en sus manos, todos los comunicados remitidos a Ventas, Recursos Humanos y el Sindicato para que nos apoyen con la gestión... pero el resultado sigue sin ser alcanzado.

Estos informes para el conocimiento de los aquí presentes, detallan las repercusiones operativas y financieras que se acarrearan, pero nadie les para... Es más, en copia oculta en los correos está usted, así que debería estar al tanto.

No obstante, los despachos se han cumplido a cabalidad sacrificando los empleados de almacén, su hora por contrato de salida, estipulada para las 6:00 p.m. A esto lo llamo compromiso...

Y ¿por qué lo recalco?... fácil... todos estos días los trabajadores de nómina diaria que me reportan se han tenido que quedar no menos de una hora adicional para, poder cubrir todos los pedidos sin, que emitamos pago alguno por las horas extras. ¿Qué tal?... algo que pocos o ningún otro gerente aquí consigue.

Ahora bien, si el transporte que paga la empresa los deja pues los empleados no están saliendo a las 6:00 p.m. como es el deber, sino a las 7 u 8 de la noche: Deberíamos enviarlos en taxis a sus hogares, pero no hay presupuesto.

Por ende, ellos están asumiendo por compromiso con la empresa, el correr peligro al salir de noche. Ya que, por si no lo saben la mayoría de ellos viven en barrios, incrementando severamente el riesgo de que los atraquen: robándoles sus pertenencias, zapatos, relojes, celulares, etc… e incluso, porque no… hasta los maten.

Es más, con su debido respeto… puedo asegurarle que, si los roban, la empresa no moverá un dedo para reponer lo que les robaron y, si los hieren, para no ser tan extrema… la empresa solo cubrirá hasta donde la póliza de seguro patronal llegue.

¡Ahora como vamos!!!

d.- Para concluir, de ellos mismos fue que salió el plan para agarrar a los compañeros que estaban robando.

Con esta nueva perspectiva Sr. Presidente, entonces… debo o no pagarles el bono de Almacén con o sin su aprobación, entendiendo que si en algo falle fue en no reportarle telefónicamente todo lo que estaba pasando para que usted fuese el que diera la directriz a recursos humanos de pagarlo... no obstante si de asumir errores se trata, usted pudo también tomar otras daciones, respetuosamente hablando.

Claro que si... exclamo el Presidente ----
Se suspende la reunión... fuero las últimas palabras que el Presidente menciono.

Desde ese día... más nunca se convocó a reuniones como la expuesta, ni se dudó del valor ético de los gerentes que allí laboramos... pues, para revisar nuestro trabajo se contrató una empresa de auditoria externa que, cada determinado tiempo nos llama individualmente más para ver resultados y el cómo se llegaron a estos que, para juzgarnos como ladrones o incompetentes.

Esto, para mi es y sera siempre un ejemplo formidable de firmeza, pues denota la estabilidad, la congruencia, la fortaleza de los valores de un líder para proteger los activos del prójimo, siendo justo e incluso exponerse el a sanciones por el bien general.

"Firmeza" que proviene del latín "firmus" que significa solido o bien asentado, por lo que cuando escogemos a un personal lo primero que tenemos que ver es que sus valores sean sólidos y su conocimiento expandible.

- Excelente Marina… perfectamente claro quedo… acoto Eduardo mientras grababa la conversación. Ahora bien… háblame de séptimo valor.
- Lo acabamos de ver Eduardo, sin que te dieses cuenta….
- Pero, ¿Cómo es eso?… señala Eduardo poniendo cara de preocupación o interrogante…
¿En qué momento?
- Jajajajaja ahoritica mismo…
Lo que pasa es que es tan fina la línea que separa ambos valores o atributos que pueden confundirse en un segundo por el hecho de estar entrelazados.

El séptimo valor mí querido Eduardo es el:

LIDERAZGO

- Ah… ya… ahora que lo mencionas, si entiendo.
No obstante, creo que me va a ser difícil captar este término, pues ahora todo el mundo habla del mismo e incluso charlan sobre los diferentes tipos de liderazgos. Responde Eduardo.

- No te preocupes Eddy, no es nada del otro mundo…
Te lo pondré fácil, dice Marina.

Lo primero que debes de saber es que no es que existan muchos tipos de liderazgos… el liderazgo es uno solo... o eres líder o no lo eres, tornándote en seguidor.

Sin embargo, acorde a los métodos que utilizas para posicionarte como líder, algunos autores nos han agrupado por bloques para de una forma científica estudiar nuestro comportamiento y establecer similitudes que permitan conocer el por qué unos logramos las metas de una forma más efectiva.

Por citar un caso Gwen Moran el 24-10-2012 publico un artículo que denota "4 tipos de líderes: ventajas y desventajas".

En el cual menciona un tipo de líder Conductor, un Influenciador, un Empático y uno Analítico. Todos funcionan en una empresa... con pros y contras... no obstante en mi caso, me inclino más por ser del tipo Conductora... porque me gustan que las cosas pasen, valoro las ideas, no tengo temor a la confrontación, me gusta ganar y por ello siempre tomo decisiones rápidas.

Ahora bien, los optimistas, motivadores, buenos comunicando y, sobre todo, los que adoran el relacionarse con los demás... suelen ser del tipo Influenciador. Tal y como puede ser el caso de Alberto.

Tipos estables, serenos y que mantienen la unión del equipo, resultan más como Lideres

Empáticos... contrarios estos, al comportamiento que solías realizar.

Y ya para concluir esos jefes como los Gerentes de sistemas, que suelen ser seguidores de los procesos, de las reglas, inteligentes, que no permiten el más mínimo error... se destacan como Lideres Analíticos.

- Perfecto Marina... completamente comprendido. No obstante, me queda una duda... señala Eduardo
- A ver ¿Cuál?... responde Marina subiendo la ceja Derecha, al mismo tiempo que podía imaginarse por donde vendría la pregunta.
- Los 3 roles que vimos ayer... no son lo mismo que me comentas ahora, solo que Gwen Moran los divide en 4... comenta Alberto
- No querido amigo... una cosa es que tipo de liderazgo sueles aplicar y otra muy distinta es como normalmente puedes actuar.

Es decir... tu actitud puede tener una tendencia a Amante, Cartógrafo o Cuentista... pero tu aptitud, si y solo si eres líder... puede estar enfocada en ser conductor, influenciador, empático o analítico.

Para ponerte un ejemplo... Alberto, ya sabemos que tiene una actitud de amante... y de allí resaltan múltiples defectos o virtudes organizacionales...

Como líder lo hemos descrito como Influenciador... ¿cierto?

- Muy cierto Marina... responde Eduardo.
- Ahora bien, como Alberto es un platicador constante...tiene la capacidad de realizar adecuadamente esta tarea o acción. Lo mismo cuando a tema de Organización refiere, por más que ¡no!! instruye a los demás en este ámbito...

Personalmente, no le veo problema en reunirse con masas, ni en tomar decisiones cuando deba, más el problema es que no detecta los problemas oportunamente por ser tan sereno como un líder empático.

Y, si seguimos analizando veras... que puede pasar aptitudinalmente de un tipo de líder a otro en un minuto, pero de fondo... seguirá teniendo un comportamiento de Amante hasta que decida equilibrar.

Si me preguntas... genial seria balancear nuestras actitudes y pasar de una aptitud a otra acorde a las personas que tenemos en frente... pero, si cuesta controlar solo la actitud... imagina el mezclar todo.

Sin embargo... mi recomendación sería: ver donde tenemos debilidades a nivel de actitudes y aptitudes e irlas atacando poco a poco con objetivos claros como los que nos estamos trazando tu y yo.

- Vaya Marina… tu sí que tienes sangre de mentora para en un dos por tres quitarme las dudas.
  Si seguimos así mañana mismo tendré el libro redactado… y deberé denominarlo… "Entrevista con Marina".
- Jajajaja… no seas loco.
  El mérito es tuyo por la idea y por ir haciendo las preguntas que debes de hacer oportunamente.
  Ahora bien, creo oportuno mencionarte los últimos 3 valores que tanto una organización como los directivos, gerentes, empleados y/o el ser común de calle… debe de tener.
  Te los presentare de una a fin de que les busquemos anécdotas y ejemplos apoyados en conceptos para, así como el zumo de un limón al exprimirse, quede todo concentrado al alcance del que lea esto… y posteriormente se diluya a conveniencia.

El Octavo Valor es tener **EIDETISMO**, el noveno el ser **CARISMÁTICO O CARITATIVO** y, mi decimo mantener lo **ESTRATEGA.**

Si tenemos estos 10 tendremos un súper Director o Gerente, un súper empleado o un súper líder que podrá ser el creador de equipos de alto desempeño con coste 0.

Te explico mis razones:

EL EIDETISMO

El eidetismo, es la capacidad de recordar hasta el más mínimo detalle de lo vivido o de representar mentalmente imágenes o hechos con gran precisión.

Si bien esta característica, está presente en muy pocos niños y rara vez en adultos, nuestro deber ser es desarrollar este valor, actitud o aptitud en nuestro personal, ya que según E.R. Jaensch... existen 2 tipos de eidetismos. En uno las imágenes pueden evocarse y cancelarse a voluntad; mientras en el otro tipo, se imponen y desaparecen independientemente de la voluntad del sujeto.

De aquí que no pido, que nuestra gente sin querer tenga este beneficio... pero, si desarrollas la concentración. Si estas presente en físico y presente en mente en una reunión, si no tenemos herramientas que nos interrumpan en lo que es verdaderamente importante... estoy 1.000% segura que los resultados Eidéticos que obtendremos serán mejor.

Por citar un ejemplo, si vas manejando y cantando y, en algún momento de paso te suena el celular, volteas 3 segundo a ver quién es y caes en un hueco de la carretera, al día siguiente créeme que volverás a caer en el hueco pues tu mente no lo ubicara en el espacio o tiempo. Ahora bien, si vas manejando... digamos que también escuchando música pero pendiente siempre de la carretera; al

ver el hueco, lo esquivaras y exclamaras... ¡qué grande es ese hueco! Gracias a Dios no caí porque si no parto un caucho con todo y rin. Mañana cuando salga del trabajo, debo estar pendiente que, cerca del samán, en el carril lento de la autopista, 2 minutos después de haber pasado por debajo del distribuidor que lleva a tal zona... y 100 metros antes de la salida a tal urbanización... está el hueco, para ni de broma caer y volverlo a esquivar.

Y, el día que pases y no lo veas, exclamaras: ¡Aleluya!!! Hasta que el gobierno se dignó en taparlo... ya que, por haber estado atento en una primera instancia, recordaras por mucho tiempo tanto lo bueno como lo malo acontecido.

De aquí, que este topico para mi gerente ideal es fundamental pues no trata de si el eidetismo se evoca a voluntad o se imponen u desaparecen sin control. Lo importante es que estos individuos puedan recordar numeros (cifras, costos, precios, codigos, cantidad de headcount, sku´s, etc.) graficos (de torta, barra, comparativos entre variables), escenarios, conversaciones, proveedores, casos ocurridos, etc. Para que con base a esto tomen mejores decisiones y alerten o corijan tanto vertical como horizontalmente, personas del organigrama en un actuar, oportunamente.

Pues es normal que algun vivo diga en una reunion de un lunes, "nosotros los de marketing nos hemos puesto la meta de lanzar en este trimestre 3 nuevos productos", el de venta "disminuiremos el inventario de productos terminado en este porcentaje", el de Compras "las materias primas llegaran tal fecha", el de Recursos humanos "el personal se tendra completo para tal dia", "el de contabilidad, el credito para pagar proveedores esta depositado en esta fecha y al dia siguiente eliminamos deudas", el de produccion "fabricaremos tantas unidades este mes", el de almacenes "el inventario tiene una confiabilidad del x porciento" pero, el lunes siguiente al ver que el alcance no les da... en otra exposicion comiencen a hablar de cifras que no fueron las inicialmente acordadas, comienza a colapsar la empresa porque lamentablemente el de fabrica si esta llegando a las unidades que prometio producir pero, el de ventas como no logra la salida del inventario colapso los almacenes, entonces el de Almacen por el desorden que esta viviendo al no tener pasillos libres, esta enviando despachos errados a los clientes que se convierten en devoluciones no contempladas y que generan gastos adiciones que diminuyen la rentabilidad propuesta a los accionistas. A todas estas compras esta adquiriendo muchas mercancias a tiempo pero los empaques no llegan razon por la que otras lineas de produccion están paralizadas... y como si fuese poco, al no entrar dinero por las ventas, el banco no da el credito que prometio y esto trae consigo que no se puede pagar a los proveedores y los mismos están cambiando su condicion de pago de: credito 7 dias que compras consiguio a prepago para poder traer los empaques que bien necesitan aun ser evaluados por el departamento de calidad pero por no tener ni el gerente del area que recursos humano prometio contratar para el viernes de la semana pasada, ni los analistas... pues ahora todo es un colapso.

Por lo antes expuesto mi querido amigo, para evitar estos temas cada supervisor, debio reunirse con sus analistas o jefes de area a fin de delimitar los margenes de accion, los riesgos etc... y antes de hablar en publico, haber creado el compromiso irrefutable a lograr... tu sabes, eso que solo un lider debe de hacer. Acto seguido, durante la primera reunion todos los gerentes tenian que analizar a profundidad cada numero expuesto por otro departamento para denotar como este numero influye o aplica en mi departamento y en coordinacion, ver que acciones me corresponder hacer para que todos podamos fluir... Incluso, este es el momento propicio para exigir o demandar acciones de otros en pro de todos los objetivos.

Y ya para concluir, en esa misma reunion, si la fecha que proponen no parece real o es cuestionable su alcanzabilidad... Para eso estan los gerentes o directores, quienes mediante fundamentos academicos, de experiencia o probatorios pueden respaldar o postergar la fecha seleccionada... bien por que hay una actividad que no fue contemplada o por que tienes premisas que no permitiran su alcance y dependen de personas ajenas al equipo, por temas de recursos economicos o de algun tipo, etc.. etc. Esto es lo que me enseñaron, es lo que signnifica ser Eidetico y como puede contribuir el valor a que todo resulte mejor.

Ahora bien, recuerdo una vez que tuve por un corto tiempo a un Director General denominado Edwar y lo que mas admiraba de el, era su capacidad para recordar numeros y liderar equipos. En un principio... teniamos reuniones con el que podian durar hasta 2 dias. Imaginate eso... jornadas que empezaban muy temprano, almorzabamos mientras otras areas exponian, saliamos super tarde... de hecho el vivia en otra ciudad a 2 horas de la planta y sin importar la hora que saliesemos, viajaba a su casa y nuevamente madrugaba para regresar otras 2 horas a la planta y asi poder retomar las exposiciones...

A todas estas, tipo claustro papal, por 2 dias nadie sabia de nosotros, es decir de los 20 dias habiles laborales 8 de la operación, nos desconectabamos... es decir el 40% de nuestro tiempo pago era reunirnos sin saber lo que ocuria afuera en los departamentos que liderabamos y esto... sin contar el tiempo que de los fines de semana debiamos invertir para prepararnos para las exposiciones.

Un dia, al levantarle yo como persona relativamente nueva la queja y decirle el porcentaje de tiempo que estaba fuera de accion versus como esto me repercutia en la aprobacion de diseños, logos, imágenes, etc. Que eran tambien pieza clave de mi trabajo... en plena reunion. Solicito unos auditores que bien nos aconsejaron como, exponer objetivos de forma numerica en 1 sola pagina de PowerPoint.

La forma era simple: Dividir la hoja en 4 niveles...

El primero nivel consistia en decir ¿que se realizo durante la semana pasada para, contribuir a las metas globales de la orgaizacion y obvio a las departamentales?. Esta parte era bonita por que todos vendian los numeros lindos del area, pero cada numero era grabado por el Director General en su mente y lo tenia de respaldo en cada carpeta departamental que llevada (donde mandaba a guardar cada una de las presentaciones hechas).

El segundo nivel ya era mas complejo, pues tocaba los proyectos y la contribucion individual versus el avance general. Aquí ya los conflictos iniciaban dado que el proyecto debia ir en 45% pero para este porcentaje, la contribucion de mi area y de mis tareas vinculadas debian ir al 60% para la fecha de presentacion a fin que el 45% pudiese ser alcanzado. No obstante como mi contribucion era 35%/60% (y esto debia estar en linea con lo que las otras areas presentarian para no verme como una mentiroza), el porcentaje de avance del proyecto estaba en 28%/45% producto de mi afeccion.

Esta afeccion, podia verse en todas las presentaciones... no obstante el que era un buen lider decia, no pude avanzar en esta tarea por la afeccion ya conocida, pero me las ingenie y mi avance en otras tareas que no tocaban realizar a la fecha peroo que hoy ya estan al 100%, es decir el proyecto va en 28% por que soy el mejor... pues de no ser asi y por culpa de.... El valor a reflejar seria 15%/45% y no 28%/45% como lo presentamos. La nueva fecha a entregarlo se desplaza 1 mes...

En este capitulo, el Director General tenia todo claro, o para la proxima semana el responsable se nivela... o se despide. Si se nivela estaremos muy por encimma del porcentaje en que deberemos estar pues hay una estrella que ya avanzo en otras actividades pero en el peor caso, minimo estaremos en cronograma. De esta forma los objetivos son siempre mejor tratados por todos...

La tercera division trataba de reconocer en forma numerica, las debilidades y amenazas... es decir mis problemas departamentales como consecuencia de una mala gestion y los problemas ocasionados por factores externos que tambien implosionan en el area. Ahora bien, si las variables eran cualitativas o cuantitativas teniamos que encontrar una forma de ponderarlas pues si y solo si representandolas, es que estudiabamos el mercado y buscabamos entre todos estrategias para afrontarlas.

De hecho, recuerdo un dia que todos estabamos preocupados por la fuga de talentos... como reaccion a la ausencia de incrementos salariales corporativos desde algunos buenos meses. Por su parte la competencia con un incentivo de +30% en el paquete salarial por cargo, en dos patadas se llevaban el talento humanos, sacando provecho de nuestra debilidad y nos los robaban en la cara despues que nosotros les habiamos capacitado y habiamos invertido para que fuesen mejores profesionales en el area.

Ese mismo dia, llevamos todos los gerentes los numeros de las vacantes que habian quedado libres en 2 meses producto de esta politica de la competencia y listo descubrimos la formula. Por querer ser los mas economicos del mercado, creamos una diferencia en precio de venta de -35% versus nuestro competidor mas cercano con la misma calidad. Este 35% que ellos cobraban de mas al cliente final les permitia pagar mejores sueldos e invertir en otras cosas mientras a nosotros nos tenia ahorcada la politica y el presupuesto.

Por esta razon, se decidio inmediatamente hacer un incremento salarial lineal del 35% que aplicaba a todo el personal sobre el paquete que tenian, para evitar la fuga. Paralelamente y a fin de cubrir este nuevo costo, los precios subirian un 10%, quedando todavia con –23% aproximado de ahorro en el mercado que bien podiar disminuirse de encontrar otras debilidades que requiriesen mayor inversion.

En ese momento Marina hace una pausa al verle la mirada dispersa a Eduardo y procede a decirle:

¿Vamos bien Eduardo?...

- Excelente responde Eduardo..., aprendiendo, anotando, grabando y recreandome es lo que estoy. Tremendo libro saldra de estas vivencias....
- Que bueno me alegra que te gusten mis anecdotas... no obstante hice una pausa por que todo lider debe saber cuando callar, cuando recuperar la atencion del oyente y cuando o como crear compromiso...

A tal efecto, paré por que pense que estabas perdido en los puntos, y si era necesario reexplicar algo lo hacia... pero como ya veo que vamos bien...continuemos con la ultima etapa del One Page que es la cuarta etapa de la pagina de PowerPoint que trataba sobre graficas.

Graficas que no eran mas que el resumen de los indicadores de gestion. Para Compras: ahorros, ordenes colocadas vs. pedidos, productos recibidos vs. Ordenes colocadas, etc. Para distribucion numero de despachos, unidades utilizadas versus toneladas despachadas, costos de fletes promedio por vehiculo, etc. Para

Produccion numero de unidades fabricada por turno, numero de desperdicio, tiempo de paradas de plantas, numeros de accidentes laborales, ausentismo y tiempo de afeccion en las lineas de produccion, etc. Y asi para cada area…. De esta forma, todos eramos vulnerables y todos los objetivos tenian trazabilidad para quienes lo sabiamos.

Sin embargo Edwar, para todos los nuevos y en especial para los vivos siempre tuvo una leccion… solo debia de esperar callado para soltarla despues de analizar las graficas que todos exponiamos.

Cuando lo haciamos bien y, congruente con las presentaciones de otras semanas, los halagos eran publicos y reconocidos. Pero, si se hacia algo mas o se inventaban numeros… siempre decia por ser de nacionalidad Colombiana: "Las balas se comen una sola vez, algunas veces matan de una y otras veces hieren, recuerdenlo siempre… tomen las precauciones debidas antes de"… y es cierto. El tipo sabia todos los numeros de la organización, se los grababa por que era su deber y habilidad. No dejaba que se usaran celulares en las reuniones para mantenerse enfocado, no dejaba que pasara nadie al salon una vez comenzada la reunion… de hecho el salir de la reunion hasta para ir al baño era un pecado. Las interrupciones de las exponencias no existian por que los asesores asi lo decretaron. Cuando finalizaba la exposicion de 5 minutos por area… teniamos 10 minutos de preguntas y respuesta cronometrada, si esto se excedia, merecia una reunion a parte.

El resultado un crecimiento brutal de la organización, una reduccion de las exposiciones de 2 dias a 3 horas a lo maximo. Un enfoque grupal increible y una transparencia sin igual... Eduar fue promovido a Director General ya no de una empresa sino del Grupo y desaparecio de mi vida al irse a otro grupo de la competencia como Presidente.

Le recuerdo para bien y para mal... pues fue un excelente mentor pero su actuar era de patan. No obstante creo que asimile junto a su metodologia de trabajo, su carácter tambien... pero es algo que voy a mejorar.

- Listo Marina, creo que mas claro... el agua!!! con ese punto...

Ahora bien permiteme dar inicio a lo que representa ser:

CARISMATICO

Como Noveno Valor... pues con ese cierre, que diste, quedo facilito el entrar al tema.

Y aquí si es donde me puedo lucir, pues como Supervisor de Sistemas he tenido clientes internos de todo tipo en la empresa donde laboro. Razon, por la que puedo definir el carisma como ese don natural, ese no que, que atrae a los demas bien sea por la parte fisica, espiritual, presencial o de su actuar; haciendoles sentir a los demas, bien, seguros, agradables o en confort tanto al estar junto al ser carismatico como, escuchandole a lo lejos e incluso perteneciendo a la organización que este ser lidera sin incluso haber tenido la oportunidad de darle la mano pues, solo el hecho del valor de referencia, de saber que ese ser especial mediante acciones hace ver que se preocupa por mi... aun cuando no me conoce. Se dirige en sus exposiciones, conferencias, charlas o reuniones con palabras que son para todos pero con las que me identifico... me hace creer que le conozco, que me valora y que todo estara bien.

Algunos se apoyaran a fin de ser carismaticos, en su espiritualidad tal y como lo pueden hacer los pastores evangelicos cuando mediante reflejo de accciones en su vida, hacen valer la voluntad y la palabra de Dios, siendo ejemplo y consiguiendo seguidores que buscan la misma paz... otros, se valdran de su fisico como lo puede hacer un lindo modelo de ropa interior al cautivar con sonrisa acompañada de un baile erotico, a una o mas mujeres que visiten una discoteca.

Algunas damas, señoras de ley ante todo, podran ser carismaticas con el solo hecho de estar. Pues con solo mirada fija y penetrante hacen o hacian que se cumpliese su voluntad.

Pero, los carismaticos mas queridos, mas exitosos son lo que mediante su actuar y el uso de la palabra como herramienta de éxito han convencido a quienes les siguen, reformulando en estos los valores que tenian o sacando de estos una idea social que tenian someramente y la han implantado en el cerebro con fuerza y contundencia para crear imperios positivos, negativos, empresariales, geograficos, etc. Acorde a la perpectiva que busques.

En todo caso opciones y calificativos sobraran, mas lo que no es cuestionable es la envergadura del impacto que estos seres tuvieron.

Si ves a Adolf Hitler, Steve Jobs o Michael Jordan, en tres areas completamente diferentes: Politica, Empresa y Deporte. Los 3 tienen algo en comun... Hitler atrajo masas por la forma como hablaba, por sacar ese odio Aleman y direccionarlo a la conquista de nuevos territorios eliminando la raza que consideraban perjudicial. Steve, atrajo programadores para obtener Hardware y Software que podia vender con el poder de la palabra a vision de futuro. ¿Que busca una persona que maneja una PC?... pues demoselo con estilo. Y Michael creo seguidores haciendo con anotaciones, canastas, lanzamientos precisos y claves... de los Toros de Chicago, un equipo mas competitivo en donde su poder lo disgregava para atraer al oponente y dar asistencias a sus compañeros o bien con su talento: "anotar como nadie mas podia."

Hitler utilizo la palabra con el moralismo para conquistar territorios; Steve mezclo la palabra con el futuro y el deseo de prosperar para cautivar ventas y hacer de Apple una empresa mejor valorada y Michael utilizo su manera de encestar como un lenguaje de éxito para hacer de los Chicago un equipo campeon con seguidores a nivel mundial. ¿Fueron entonces carismaticos… Marina?

Por supuesto…

Y si tienes alguna duda ve como Disney uso a Michael para hacer una pelicula con caricaturas donde el basketball o baloncesto fuese el tema central que uniese, a grandes y pequeños.

Eso es sencillamente Poder!!!.

- Jajajaja!!! Procede a reir Marina… tu si tienes ocurrrencias Eduardo. Pero no te quito la razon en lo que bien señalas.
- Claro Marina, es o no es asi… Euforicamente replica Eduardo.

Estos tipos fueron y son al dia de hoy, carismaticos… ahora, para que veamos el tema no allaaaaaa….. lejos donde estan estos 3 extraterrestres jajaja, vamos a analizar el carisma cotidiano que nos rodea en tu empresa, en la mia… y veremos que ocurre.

Para empezar, ve pensando si ¿alguna vez has detestado a algun compañero o empleado de tu area o de otra area?... pero, eh eh eh… no respondas todavia por que para hacer la cosa facil, comenzare yo.

ODIO!!! La esposa del dueño donde trabajo, que es una Mujer blanca, bella, inteligente, vestida con las prendas mas lujosas por, creerse mas que los demas en todos los aspectos.... Pero, me he enamorado de esa morena con el pelo rulo rulo, de uniforme basico y trabajo rutinario que, no estudio en el MIT pero sus padres le dieron una clase magistral de como tratar al projimo con dulzura y sencillez.

He sido fiel seguidor del Gerente de Sistemas, gordito y con mucho acne en la cara que, programa como nadie y nos ayuda a detectar las fallas en el sistema ahorrandos muchisimo tiempo pero, al Gerente Fit de Finanzas que me critica mi barriguita cada vez que me ve, no veo la hora que se le funda el celular y pierda mi numero para siempre.

Adoro a la lesbiana de caja por que es "ELLA" en toda su expresion, y dice las cosas en la cara sin ocultar sus preferencias cuando debe pero, al diseñador racista y perfeccionista que es del Outsourcing, provoca mandarlo a africa y que esos hermanos le den una paliza y lo enseñen a ser gente.

Por todo lo antes expuesto es que podemos demostrar que el carisma, es solo un ingrediente mas de las herramientas que tenemos para influir… y gracias a ti es que hoy puedo ver, otro de los errores que he cometido continuamente en mi vida. Pues muchos llaman e invocan a la Suerte como algo que aparecera en acto divino para cambiar nuestra realidad, sin darse cuenta que son todos estos pequeños actos los que siembran los frutos del éxito.

Que opinas!!!

- Bueno Edy, responde Marina...

Ya ves por que he llegado donde estoy... ha sido duro el camino, largo, con rectas y curvas... en ocasiones con desvios que tientan a que tomes atajos o vayas por otros caminos que no te llevan donde realmente deseas. Con personas malas que buscan desorientarte y te invitan a que pares y dejes tus sueños. Otras que vienen en contravia frustadas cansadas de tanto intentar, quienes sin querer te desalentaran y diran que ellos no lo lograron, asi que tu tampoco podras... y, por algun momento dudaras.

Dudaras de todo... y de todos. Si lo que estas haciendo vale la pena, si realmente llegaras donde esperas... si todo el sacrificio sera compensado o por el contrario sera un perdida de tiempo.

Te cansaras que te rechazen por que a todos los existosos y carismaticos los rechazan... eso es algo que tienen en comun los emprendedores.

Tendras tantas cosas en las que enfocarte que deberas hacer pausas al sueño por razones tambien que son importantes para tu vida. Pero, manten el foco incluso en himbernacion. Como la PC cuyo monitor se apaga para disminuir el consumo energetico pero con pocos clic empieza donde mismo con potencia.

Practica y practica mucho el ocultar el corazon, pues todos apuntan alli con sus palabras para herirte. Algunos se alejaran si no fracasas como ellos y les llevas la contraria. Otros te dejaran a un lado por no aplaudir sus valores...

Pero al final, al llegar la noche dormiras bien... pues todo lo que has hecho es sobre la base de tu convencimiento, de lo que sabes que esta bien para ti y los que te rodean. Pues incluso tu familia sin mala intencion alguna siempre buscara atarte a su cultura, a su economia, a su juicio pues si no haces lo que ellos consideran estas loco!!! Pero, si llegas donde deseas llegar... mas temprano que tarde ellos te lo agradeceran pues tu bonanza es la de ellos... y si a ti te va bien, seguramente compartiras los exitos con ellos de alguna forma.

Asi que, esfuerzate por ese libro... para que sea el mejor y de, los mejores consejos que un libro gerencial pueda dar... y cuenta conmigo para lo que necesites Amigo.

.....

- Ante tal discurso, Eduardo llorando... solo pudo responder:
La pobreza duele Marina, por que sin dinero no vivimos todo lo que queremos... No ayudamos a todos nuestros seres y debemos de priorizar entre

darle un pan a un niño de la calle o darle el pan a nuestros padres...

Seleccionar entre comprar un repuesto del carro que nos permite ir al trabajo o, los pares de zapatos que hacen que nos veamos bien en la oficina.

Entre comprar un seguro de vida para que nos atiendan en una clinica en caso de una enfermedad o pagar el colegio de los hijos espernado no enfermar nunca y parar en un hospital donde la vida esta en riesgo por la escases de todos los insumos medicos... Mas con la esperanza firme que la mejor herencia que podemos dar a nuestros chamos son los valores y la educacion.

Duele, el ver que pasan los años y todas las navidades pedimos al niño Dios lo mismo, una casa, un carro, cambiar los muebles, viajar a algun pais nuevo, etc. Y no se consigue por que la realidad es que no prosperamos como debiamos hacerlo o no hicimos todo lo que debimos. Pero el tiempo no falla y acelera pronto... sin darnos cuenta ya nos cansamos de nada, nos volvemos mas exigentes y mas viejos. La muerte puede llegarnos y tocar la puerta a cualquier edad y ¿que queda mi querida Marina?... solo lo vivido y la satisfaccion de que como todo buen guerrero luchamos al menos por lo que queriamos.

Si muero mañana... creo que no me arrepentiria de nada pues siempre he sido un guerrero... mas, lo unico que lamentaria es no haber conseguido mucho antes, todo el poder economico que anhelo para compartir con mi familia mas tranquilo, dedicando menos horas al trabajo y a una empresa que no es mia. Eso es lo que lamento... y pienso cambiar proximamente, tornandome en un conferencista, escrito, alguien famoso jajajaja.

Asi, que espero, en estas Navidades junto a ti Marina, poder ver el libro brillar a la venta y, que gracias ti, pueda alcanzar todos los sueños propuestos... motivando a otros a alcanzar los suyos.

.....

En ese momento se escucha un Grito de Raul!!!, saliendo de la casa.

- Sres... PAELLA LISTA!!!, mientras con una mano le sostenia y en la otra cargaba a la pequeña Sofia.
- Eduardo, se seca las lagrimas mientras Raul se aproximaba...
- Marina voltea lentamente, sonriendo... diciendole que te pasa loco!!!
- Nada Amor!!!, siendo Feliz!!!.... ya traigo los platos y el Vino Rosado para que si me permiten, conversemos un poco de lo que estan hablando.. responde Raul.

.....

Se hace una pequeña pausa, Marina procede a sentar a Sofia en una de las sillas y ponerle a un lado como buena madre, solo lo que Sofia gusta comer.

Eduardo solo observa...

Y en eso, Raul... coloca cubiertos y copa en la mesa para con una destreza sin igual con un cuchillo rodando desde el fondo de la botella al cuello de la misma, procede a quitar el corcho de la botella sin romperla. Generando ovacion entre los comenzales.

- Bravo... Mi Amor grito Marina
- Biennnnnnnn se escucho a la pequeña Sofia mientras aplaudia con sus pequeñas manos.
- Y a Eduardo, Ni que se diga... silbando y gritando: Eso!!!! Otra!!! Otra!!! Otra!!!... Enseñame compadre a hacer eso para cauticar a mi novia vale jajajaja.
- Años de Practica responde Raul... mientras sonrie con modestia y procede a servirr el vino en las copas. Se sienta y dice:

Y en que estapa estan del libro.... Para ver si puedo ayudarles.

- En lo Carismatico, mi vida responde Marina... mientras en ese momento quitaba la coraza a un langostino.
- ¿En lo Carismatico o en lo Caritativo? vuelve a preguntar Raul.
- Carismatico... responde Eduardo.

- Bueno si me permiten hare un señalamiento..

CARITATIVO

Es quizar lo mas **carismatico** que se puede ser o exisir en el planeta. Pues no hay nada mejor que atraer masar por ejecutar la caridad per se… añade Raul.

En griego la palabra caridad indica amor fraternal y para mi lo es hoy, amar a Dios sobre todas las cosas, incluso por encima de si mismo. La caridad trae consigo 3 acciones: Paz para ti y los tuyos, Gozo o Alegria en equipo y Misericordia que es el hecho de poder perdonar suscrito a la reciprocidad, a saber que te perdono pero solucionaras lo que causaste… asi como si yo cometo un error lo enmendare. Donde el ser generso es sin interes particular o de trasfondo y la benevolencia no es mal aprovechada.

Es algo que en esta sociedad es dificil y solo en el ambito Eclesiastico es demostrable con la Madre Teresa de Calculta, Juan Pablo II y algunos pocos mas como ejemplos practicos de la Caridad en si. Quizas, algunos ganadores del Premio Nobel puedan aplicar en esta categoria bien por la Paz o alguna otra area de aplicabilidad global… pero, a nivel empresarial no es facil o no lo veo facil.

Primero por que en las empresas el eje economico tiene peso sobre las decisiones. Segundo por que tendria que fomentarse una cultura de compromiso y lealtad entre sus trabajadores para que la Caridad sea valorada. Para que no exista envidia en el equipo, para que los exitos sean de reconocimiento para todos, para que el error pueda ser reconocido pero mejor aun se apoye al que lo cometio para que lo corrija pero no mientras se le mira como en el coliseo de roma, peleando contra los leones solos mientras desde la grada damos apoyo moral o vemos como mueren en el intento… No, defiinitivamente asi no…

Bajandonos del estrado gerentes, direcctores, dueños, coordinadores y estar alli al lado del que fracaso peleando contra las bestias… para que sepa como se hace, sepa que se le valora y no deseamos que se marche para contratar a otro o bien…. No deseamos ejecutarle pues dejar un hombre solo contra muchas bestias es eso….. ser verdugos voluntarios o involunatrios.

Resulta facil decir… cortale la cabeza al que cometio el error, resulta facil quitarse la responsabilidad de una familia que ese señor alimenta, resulta facil llegar a nuestra casa y ver a nuestros hijos durante la cena, jugar alegres con su comida mientras en el hogar del ser que despedimos esa noche no hay alegria… esa noche quizas, ya lo que pensaron comer fue dividido para 2 raciones pues no sabemos si papa o mama mañana tendran trabajo de nuevo.

Resulta facil contratar y despedir... pero, realmente resulta facil celebrar los exitos sobre las desgracias de otros. ¿Es bueno ganar una guerra sabiendo que de nuestra parte se perdieron miles de vidas?... ¿Nos da consuelo la vitoria a expensa de que el enemigo perdio mas?...

Yo en lo personal no lo veo y no lo creo, de aquí que primero pienso: ¿Botar a esa persona me dara Paz?... si la respuesta es si... me hago una segunda pregunta: ¿Qué le despida dara gozo y alegria al proyecto y el equipo?.... si la respuesta tambien es si... me hago la ultima pregunta: ¿Fui misericordioso... y por ley de Karma, sera que luego seran misericordiosos conmigo?... si la respuesta a alguna de estas es no, reevaluo mi decison. Caso contrario se que sera aceptado el despito por todos los que me rodean, por mi y hasta por el propio ser a ser despedido como bueno...

Es la clave que tengo para armar mis equipos de alto desempeño y poder dia a dia ver a mi bebe con paz a la cara.

Si me permiten... les diria que no dejen este punto jamas a un lado por que mas alla de ser gerente, trata de como ser un gran ser humano.

- Mi amor me asommbras, responde Marina..
No conocia esa faseta tan intelectual tuya...
Bueno, debo reconocer que teniamos tiempo que no disfrutabamos asi un rato... de hecho hace ya bastante que ni yo pisaba la piscina.

- Es asi cariño... ya bastante tiempo. Pero nunca es tarde.
  Cuando termines con el libro y Sofia se duerma, nos metemos con en los viejos tiempos cuando recien compramos la casa.
- Upa Marina!!! Eso me suena a Calor!!! Jajaja.. Pues bueno Marina, barriguita llena y corazon contento... asi que aceleremos el tema del Gerente Estratega para terminar cuanto antes... responde Eduardo mientras con una servilleta terminaba de limpiar su boca.
- Estratega... guau!!! Si que se meten en aguas profundas pues es un tema que a parte de ser nuevo, todos creemos dominar... no obstante dare unas cortas palabras sobre lo que considero es el deber ser de tan importante rol, antes de ir a dormir a Sofia.

ESTRATEGA

Para empezar es aquel que trata de no solo alcanzar de la forma mas efectiva, eficiente y eficaz un resultado, sino tambien, el que ve como el mismo se logra correctamente. Y, cuando digo correctammente es blindando los procesos, sin violar las leyes, cumpliendo las normas... en fin siendo Eticos.

Un estratega es ese ser creativo...
- U adaptable como ya tocamos con Marina el termino... y disculpa que interrumpa añade Eduardo.

- Exacto Eduardo.. Van muy bien entonces..

Que tiene que adaptable como mencionas, pero a la vez con una buena comunicación, transmitiendo confianza y optimismo... con orden y disciplina para impartir instrucciones, siendo el garante del bien comun.
- Para nosotros es parte del liderazgo Raul jajajaja... y es otra de las claves incluidas.
- Muy bien entonces Marina... responde Raul.
Pero ¿y que del hombre negociador, que anticipa resultados con equilibrio y justicia?
- Pues para nosotros es el Eidetismo, La asertividad y la selectividad... responde emocionado Eduardo.
- Ah!!! y del papel metodologico del Estratega que me dices... señala Raul.
- Pues para eso esta la firmeza... responde Marina.
- Pues entonces tienen al estratega perfecto en formacion, pues han contemplado todos los valores que poseen los grandes lideres cuando le suman el carisma y la caridad.
Olviden lo que les comentaria y solo sigan ustedes...
Hasta luego Eduardo.. un Placer tenerte aquí con nosotros. Me llevo a la pequeña a su cuarto, jugaremos hasta que se duerma.
Marina me llamas al desocuparte...

Procede a dar un pequeño beso en la meejilla a Marina, la cual ella responde con dulzura...

- Seguro mi amor... te aviso. Responde Marina.

- Pues bueno Marina... no se que mas puedes decirme.
- Realmente por los momentos no mucho. Considero que todos podemos a llegar a ser grandes estrategas... solo debemos estudiar para ello y desarrollar competencias en el personal. De aquí que se me vienen a la mente tanto lo que Peter Drucker, el padre de la Gerencia estrategica dijo una vez: "Nadie deberia ser nombrado para una posicion Directiva si su vision se enfoca sobre las debilidades, en vez de las fortalezas de las personas"... y yo asi lo creo.

O, como lo que Sun Tzu en el Arte de la Guerra, denoto con 4 grandes pensamientos:

1. "los buenos guerreros buscan la efectividad en batalla a partir de la fuerza del impetu (percepcion) y no dependen solo de la fuerza de sus soldados. Son capacez de escoger a la mejor gente, desplegarlos, adecuadamente, y dejar que la fuerza del impetu logre sus objetivos".

2. "Un ejercito no tiene formacion constante, lo mismo que el agua no tiene forma constante: se llama genio a la capacidad de obtener la victoria cambiando y adaptandose según el enemigo"

3. "Golpear al enemigo cuando esta desordenado, prepararse contra el cuando

esta seguro en todas sus partes, Evitarle durante un tiempo cuando es mas fuerte. Si tu oponente tiene un temperamento colerico, intenta irritarle. Si es arrogante, trata de fomentar su egoismo"

4. "Haz que los adversarios vean como extraordinario lo que es ordinario para ti; haz que vean ordinario lo que es extraordinario para ti"

A esto se le llama estratega, y creo que resume el significado de todo lo conversado en su explendor...

- Muy cierto Marina... creo que por los momentos hemos magistralmente terminado. Te dejo para que acompañes a tu esposo con la beba... Mil gracias. Responde Eduardo.
- De Nada amigo, permite que te acompañe a la puerta para despedirte.. dice Marina mientras trataba de levantarse de la silla.
- No es necesario amiga. Quedate aquí disfrutando del vino... te lo mereces. Yo se ya el camino. Besitos... Te quiero mucho... con un tono bajo y calido respondio Eduardo, al mismo tiempo que le ponia la mano en el hombro para evitar que se levantase de la silla su adorada amiga.
- Yo tambien te quiero amigo.. nos vemos entonces.

Tomando la copa en mano derecha, y haciendo señal de brindis... se despidio cerrando sus ojos mientras volvia su mirar a la piscina.

....

Pasan unos segundos, y mientras el pisar de Eduardo se desvanece entre la casa.... Marina comienza a pensar, en como seria su vida si se tornase emprendedora. Si abandonase la Firma Internacional de Belleza que tanto le ha dado.

A la cual ha dedicado gran parte de su vida, de su tiempo y que ve entre tantas cosas.. como pilar de su vida... aun cuando este habitada por terceros la organización.

¿Que pasaria si tuviese mas tiempo para ella, para la bebe?... si generase fuentes de empleos, si tuviese que salir de un marco seguro y ver la ley de la calle con otra perspeciva. Conversar con funcionarios, realizar todas las labores de la empresa, ser compradora, vendedora, arquitecta, chofer, almacenista, contadora, etc.

Se le mete un gusanito que la tienta a ver eso que hoy desconoce... pero, en el fondo teme. Y teme con razon pues ser emprendedor no es cosa sencilla... ya que no es lo mismo interpretar solo un rol, que hacer toda la novela.

No es lo mismo ser bueno en algo, que ser bueno en todo... y lo peor aprender o tratar de ser

bueno en todo compitiendo con personas que llevan años haciendo eso mientras tu a penas das los primeros pasos. Personas que ya han formado la base, bien por que el tiempo se las dio o bien por que heredaron un negocio familiar mientras tu, debes ganarte ese respeto desde "CERO".

Se comenzo a cuestionar si Lorenzo Mendoza, uno de los empresarios mas ricos de Venezuela tiene tanto merito como su padre o tios. Si Carlos Slim, como el hombre mas rico de Mexico, realmente construyo su imperio solo. O si Jeff Bezos fundador de Amazon y de su plataforma de comercio electronico... quien de paso es el hombre mas rico del mundo según Forbes, pudo hacer eso sin ayuda.

Medito y su respuesta siempre fue: No... no pudieron hacerlo solos, mas el poder de convencimiento y las ganan que tenian los llevaron a lograr todo lo que se propusieron y, si ellos pueden, y si mi ammigo Eduardo puede con su libro... ¿por que yo no?.

Decidida, tomo el ultimo sorbo del vino que quedaba en copa, subio y tan pronto como la bebe se durmio. Procedio a contarle a su esposo el proyecto que tenia en mente.

CAPITULO IV – IDENTIFICO MI MISIÓN EN LA VIDA Y EN LA ORGANIZACIÓN Y PROYECTO DONDE QUIERO IR.

A toda estas, desde el mismo instante que Alberto decide colgar la llamada de Eduardo... esa mañana del domingo a las 7:30 a.m. aproximadamente, comienza una de las jornadas mas rudas que toda persona puede tener....

La Jornada de la autoevaluacion...

Esa jornada donde no existe careta alguna, donde no hay que discimular absolutamente nada pues el unico que tienes frente al espejo eres tu mismo. En donde te cuestionas cada una de las cosas hechas en tu vida.

Alberto, se mira al espejo y en definitiva ya no es el muchacho adolescente que podia irse de fiestas durante dias pues, sencillamente el cuerpo ya no le da. El cansancio, ahora es como llevar un saco de 50 kilos en el hombro el cual tarde o temprado deberas bajar...

Los "amigos" ya no estan todos los fines de semana pues tienen compromisos familiares... o quizas nunca fueron tan amigos como el llego a creer.

Esposa, no tiene... y las razones son mas que obvias.

Compañeros de trabajo... son solo eso, personas que van y vienen y, con las que te relacionas para temas puntuales, pero que por razones del ser, dejaran la empresa en algun momento buscando nuevas metas o retos que bien pueden venir acompañados de mejores salarios o beneficios de un cargo adquirido... por un intento de independizarse y ser emprendedores... o tan solo por que hicieron algo mal donde trabajan y se les bota, la crisis llego a la empresa o sencillamente el Jefe amanecio de malas y tomo esa decision...

Tan sencillo como eso... a las personas se les bota como basura, como si no tuviesen sentimientos ni un entorno social de impacto. Y, Alberto era un especialista en eso... Ya sabia en carne de propia lo que era que te despidiesen, pero seguia siendo verdugo por un sueldo.

Hijos, no tenia... primero por ser esa palabra plural. Segundo por que para tener al menos un hijo se debe ser y sentir uno padre. En rol de accion... y eso nunca lo habia ejecutado Alberto y mucho menos sentido. Pues, teniendo tan solo 16 años en esos inventos del descubrir al sexo opuesto, del jugar a tener relaciones sexuales sin proteccion por desconocimiento de estos metodos a utilizar y/o a eludirlos por creer que por hacer el amor una sola vez sin el apoyo de los mismos... no se tendra ninguna consecuencia: Alberto embarazo a una joven.

Joven que con su corta edad, decidio de manera adulta aceptar las consecuencias y ante la negativa de realizarse un aborto sugerida por Alberto... la gran decepcion que le embargaba ante la negativa de apoyo de su novio y de la propuesta asesina que este sin valor catolico alguno sugeria en pro de poder continuar ambos sus estudios sin un peso que los oobligase a trabajar para mantener a la cria o bien, una responsabilidad que no se penso cargar cuando en la cama rico se pasaba...

Le llevo a mudarse de ciudad y desaparecer de la vida de Alberto sin que este mas nunca supiese nada de ambos.

Quizas en su momento... Alberto lo vio logico e idoneo pues en definitiva obtuvo una Licenciatura pero, y ¿ahora que?... Esta solo... y por unos instantes mientras todo esto le venia a la cabeza, soño y se pregunto:

¿Tendre un hijo o una hija?, ¿Se pareceran a mi?, ¿Como seran de Carácter?, ¿Qué valores tendran?... ¿Les gustara la musica, cantaran, tocaran un instrumento?, ¿si es niña, como hanria celebrado sus 15 años y quien la daria su primer Vals?... ¿Si es niño, quien le enseñaria a jugar basket, soccer, baseball o por que no a montar en bicileta?... ¿Sera que su mama los defendio cuanddo tenian problemas en el colegio? O ¿Cómo harian para sobrevivir, comer, ir a la escuela?... y comenzaron a salir muchas preguntas mas que no tenian respuestas... pero, brindaban alegria y esperanza al mismo tiempo que le cababan un hueco en el alma enorme al no haber podido estar en cada uno de esos momentos y lo peor, saber que cada uno de esos momentos no regresarian...

Tal y como le pasan a muchos trabajadores o empresarios del hoy... que tienen hijos a la distancia o peor aun al lado pero, terminan perdiendose los momentos mas bellos de estos por dedicar mas tiempo a lo economico que lo emocional... y cuando, pasan los años, se percatan que lo emocional y lo que vale ya se ido para formar un nuevo hogar... y terminan quedandose solos y sin un trabajo.

Pues, como volver a retomar las primeras palabras de un hijo y esa competencia de que palabra dira primero... ¿Papa o Mama?. O, su primera fiebre y el temor de que le pase algo y el sentirse como un superheroe al estar a su lado y ver su recuperacion... cuando ya grande estan.

Que valor tiene para esta sociedad, el estar en el primer paso de un bebe... en saber que uno le ayudo a pararse, le sostuvo mientras agaraba fuerza y confianza, le motivo y le amo para que eso ocurriese... si muchos padres o madres del hoy, tan solo pasa el postnatal y ya dejan el bebe en una guarderia o donde una abuela para que sean otros quienes vivan esos momentos y los crien. Pero, despues solemos preguntarnos... ¿de donde el niño saco esos valores?, si ¿yo no soy asi?... Claro que no eres asi... otra persona es asi y es la persona que tu designaste para inculcar los valores a tu hijo por razones justificables o no... que el tiempo y Dios demostraran.

Ahora bien, ¿Estaran sanos el niño o la niña y su madre?,... es otra de las preguntas que comenzo a hacerse. Pues, unos Mega Heroes son esas Mamas y Papas que se turnas para llevar a sus hijos a Quimios, a Dialisis, que tienen su trabajo pero igual poseen la fuerza para transportar una silla de rueda, enseñar a caminar con muleta, aprender un lenguaje de señas para educar a un sordo o mudo. Crear un sistema especial de ubicación si es ciega la criatura... o bien, entender que hay unos seres super especiales con Autismo o Sindrome de Down que si se les canalizan bien... llegaran y ganaran las olimpiadas... Sus propias Olimpiadas pues es tan meritorio lo que hacen, que se abrieron su propio espacio en el deporte.

Pero, en fin... todo esto estaba perdido para Alberto. Era una incognita y lo mejor es que lo siguiese siendo.

Entre tanto... paso del baño a una vieja mesa de noche que tenia del lado izquierdo de su cuarto, se sento en la cama dejando una pierna en alza y la otra tocando el piso.

Abrio la mesa, y saco lentamente un Habano Cohiba que le habia regalado un proveedor, corto la punta, lo encendio con su zippo... inhalo y exhalo... suavemente.

Procedio a ir a la cocina y de un viejo gabinete, agarro un vaso para wiskie fino... se ubico donde tenia una pequeña botella de cristal con brandi, procede a servir 2 dedos de alcohol y ya con ambas manos ocupadas... decide irse a recostar al sofa. Y seguir pensando.

Ya comodo en angulo de 45 grados y ambos pies sobre el sofa, todavia en pijama, cenicero a un lado... y con mesita para colocar el vaso al alcance, recordo:

1. Todos los alumnos que le habian humillado por ser el de bajos recursos y tan solo tener copias de los libros dado que un libro original o nuevo era inalcanzable para su economia.
2. Esos profesores que decian que la puntuacion maxima era solo de ellos por ser especialistas del area... y, que los alumnos, eran tan solo unos marginales que tenian que aceptar el pasar o no la materia.
3. Las muchas lluvias que soporto para ir o regresar de la universidad en bus y las miles de calles que recorrrio a pie incluso a altas horas de la noche, cuando no le alcanzaba el dinero para un pasaje, mientras muchos de los compañeros en carros lujosos por un lado pasaban sin un aventos por educacion al menos proponer o, con mala intencion le empapaban de barro al resonar sus vehiculos, haciendo que los mismos picaran caucho para que el agua de lluvia empozada, brincase sobre la

humanidad y libros del pobre Alberto mientras este esperaba en la parada del bus.
4. Cuanto sufrio para conseguir su primer empleo... y como se les humilla a los pasantes por querer aprender, menospreciandoles con labores tan sencillas como colocar un sello mil veces durante todo el dia, abrir huecos a las hojas para archivar, cargar las cosas pesadas del departamento de computacion para que los analistas no se lesiones, atender un telefono cual operadora por semanas sin que esto le produzca crecimiento alguno personal o profesional al joven.

Pero, lo peor... se pregunto ¿en que contribuyo el a cambiar esta cultura? O por el conttrario fue uno de los propicio el menosprecio... y, la respuesta siempre cruel y siempre ruda... el sabia que habia estado del lado incorrecto, convirtiendose sin queres en un reflejo de los profesores que tuvo. El trabajo es para los expertos y los pasantes deben de conformarse con lo que sobra o no queremos hacer.

5. Recordo el actuar de todos los jefes con los que se habia codeado, en especial esos que le dieron mayor aprendizaje por hacerle crecer cohercitivamente... o lo haces o lo haces... pues mañana no estaras aquí. Y, cuando el plato del hambre suena, lo que queda es bajar la cara y salivar como el perro de Ivan Pavlov, ya que es mejor ser humillado con el estomago lleno, que un rebelde con hambre....

Pero eso esta mal... y finalmente lo reflexiono y comenzo a extrañar esas palabras sabias que un dija su ppadre le dijo: "Felicita en publico, reprende en privado pero primero capacita ya que el éxito y el fracaso son el resultado del equipo. Y, si el equipo fallla… es por que el lider fallo en su rol".

6. Como esposo fracaso, como padre no existio… como persona de confianza del suegro, defraudo. Como lider de una organización de broma que la quebro…

Asi que se cuestiono ¿Quién era el y para que servia?

Y en ataque de depresion… tomo fondo blanco, el resto del licor servido. Rapidamente se fue a su closet, tomo su mejor traje, su mejor camisa, la corbata que mas le gustava, la correa de piel de cocodrilo que muchos le habian alabado… medias y zapatos perfectamente combinados. Inicio su ritual de vestir… y al estar listo, solo faltando la correa por poner… se dirigio a la cocina, tomo la extension de la nevera, la unio mediante un lazo a la correa, tomo una silla… la coloco sin dudar ni un segundo debajo de un viejo ventilador de techo… realizando un amarre preciso, coloco la correa en su cuello y dejando caer su cuepo mediante gravedad, pateo la silla al otro lado para colgarse… y morir.

Al hacerlo, sintio inmediatamente toda su sangre irse a la cabeza… visualizando en 2 o 3 segundo toda su vida pasar. La cabeza le indicaba relajate y dejate llevar que la muerte es lo mejor que te puede pasar… por que cuando los problemas estan en la cabeza y la depresion llega, el huir de estos parece la unica opcion y por ende esta debe ser la selección a tomar.

No obstante al soltarse o dejarse caer y patear la silla, las manos se aferraban inconcietemente a la cuerda o al cinturon. Quizas a la vida misma... Y desde el primer momento no dejaron actuar a la gravedad en un 100% sobre el cuello de Alberto.

Al balancearse o pendulearse, finalmente la correa tan famosa, revienta...dejando un gran hematoma en el cuello de alberto, una caida brutal de espalda y un golpe cerebral tan contundente que el caer y quedar inconciente, fue inmediato....

Seguidamente una luz blanca con bellos jardines entre una dispersa neblina comenzo a visualizar Alberto... sin saber si era una fase del mas alla, del jardin prometido o la muerte per se. No obstante al cabo de unos 40 minutos reales, Alberto regreso a su ser... mientras que el sentia que habian sido solo segundos....

La falta inicial de aire, le llevo entre dolores a con su mano izquierda comenzar a soltar el flojo lazo y pasarlo con cautela sobre su cabeza. Trato aplicando la mayor de sus fuerzas de levantarse, mientras mareado todavia se encontraba... y con lagrimas en los ojos comenzo a gritar:

¿Por qué?...¿Por que señor no me has dejado morir?... ¿Qué tanto mal te he hecho que ni siquiera bajo tierra me dejas estar?...

Arrodillandose, y en posicion de suplica se agarraba la cabeza un poco ensangrentada por una pequeña cortada que se realizo al caer... y continuaba en un llanto desgarrador preguntandole a su Dios...

¿Qué debo hacer?.. Guiame si me quieres con Vida.... Y no me abandones... si esta es tu voluntad. Pero de verdad necesito tu ayuda!!!

(Y es que solo, nos acordamos de Dios en los momentos mas dificiles de nuestra existencia... no importa el nombre que le coloques.. Jehova, Cristo, Ala, Buda, etc... o bien si eres cienciologo o ateo. Hay algo que va mas alla de lo que todavia se puede explicar pero, con una simple palabra de 2 letras, en uso universal... creemos poder cualquier problema solventar. Esa palabra es la FE... la fe a algo o alguien, a un milgaro, a un guia invisible que nos traera el bien... a algo real o ficticio que nos permite aferrarnos a algo... para salir adelante y revivir. Con golpes, heridas, cicatricez morales, espirituales o fisicas... pero salir adelante al final.

Incluso al ser que mas odia el espiritismo o santeria... en momentos de angustia y sosobra se le ha visto recurrir a esto en pro de una guia o solucion... para lueo decir, de que vuelan vuelan, mejor prevenir que lamentar, una ayudita de donde provenga no cae mal...etc, etc.)

Alli, en el piso... se quedo Alberto no menos de 2 horas en la misma posicion. Meditando y esperando una respuesta de Dios.

Y obvio, no la conseguiria ni estando alli todo el dia, pues los planes de Dios no se revelan tan facilmente... no obstante una primera gran señal ya Dios le habia enviado a Alberto. No te quiero aquí en el cielo... dedicate a mejorar en la tierra. Y eso tenia que agradecerse en grande.

Asi pues, Alberto entre su debilidad procedio a buscar una toalla, humedecerla y colocarla suavemente por detrás de su cabeza con algo de hielo para no solo limpiar la herida, sino tambien buscar desinflamar la zona afectada... utilizando su mano izquierda; mientras con la derecha sostenia una biblia que le habia regalado su madre el dia que efectuo la primera comunion.

Se sento en el sofa donde habia estado reposando antes de toda la locura... y abriendo la biblia comenzo a leer Filipenses 3: 13-14 en donde Dios dice "Hermanos, no pienso que yo mismo lo haya logrado ya. Mas bien, una cosa hago: Olvidando lo que queda atrás y esforzandome por alcanzar lo que esta delante, sigo avanzando hacia la meta para ganar el premio que Dios ofrece mediante su llamamiento celestial en Cristo Jesus".

Y en Isaias 41:10 leyo: "asi que no temas porque yo estoy contigo; no te angusties, porque yo soy tu Dios. Te fortalecere y te ayudare; te sostendre con mi diestra victoriosa"...

Y asi durante todo el dia, continuo con la lectura de la biblia en una forma de agradecer una segunda oportunidad...

No obstante al llegar la noche, decidio despues de unas nutridas palabras biblicas reflexionar en buena manera sobre:

Ahora, que sé que he hecho en la vida y como he actuado, debo preguntarme... ¿me gusta, lo he disfrutado, me siento realizado?.... si la respuesta es no. Comienzan los problemas... y las preguntas interesantes que nos sacaran del laberinto:

¿Qué quiero hacer con mi vida?, ¿Qué me gusta hacer?, ¿Qué AMO hacer?... e inmediatamente comenzaron a salir las respuesta que siempre estuvieron allli pero por alguna razon o paradigma las bloqueamos.

Ahora bien... lo que Amo hacer o me gusta hacer, ¿lo estoy haciendo?, ¿lo puedo hacer donde trabajo?... si la respuesta es no... ya tenemos otros caminos despejados a una nueva vida.

Seguidamente... y para cubrir pilares economicos elementales en nuestra vida, deberemos hacer las siguientes preguntas: ¿lo que deseo hacer tiene bases economicas sobre lo actual, se puede hacer en paralelo a lo que hago o bien me puedo apoyar en alguien temporal para dejar lo que hago actualmente e iniciar lo que realmente me apasiona?... con las respuestas obtenidas... ya Alberto tenia mas claro el panorama. Solo faltaban las preguntas comprometedoras con la mision y trazadoras del plan, que eran:

¿Cuándo arrancamos a trabajar por lo que amamos?, ¿Cómo lo haremos... que herramientas usaremos, contactos, recursos humanos, economicos, etc? y ¿En cuanto tiempo tenemos que lograr el objetivo?

A su respuesta... todo se enlazaba con lo que Eduardo estaba construyendo, Alberto amaba el contacto con el publico, le encantaba dar conferencias y andar de viaje, en reuniones y, si para ello debia andar con su amigo pues el proceso era idoneo. Asi que hacer un libro... venderlo on line, en fisico y atraves de conferencias... resultaba perfecto. Estaba en su linea de profesion y tenia tambien miles de ideas que aportar no en un libro o dos... si no en muchos.

Claramente, tampoco es que podia abandonar su trabajo por ir a perseguir un sueño que estaba en la mano de otro, pues el libro no dependia de el... pero, que pasa si fucionaban el buen escribir de Eduardo y la buena ponencia de Alberto para construir una empresa consultora que asesorara personas de todo el mundo, empresa, etc. para que sean mejores... para que formen el personal, para que hagan lazos de familia con quienes les trabajan, para que el que esta en un area contable lo haga con pasion y si no le gusta lo que esta haciendo se atreva a renunciar... dejando la vacante libre para que otro que si posea la pasion, le aproveche y este... redirecione su pasion a un negocio donde pueda ser exitoso. Asi se construye o se construiria un pais...

Con esa cultura de la calidad es que renacio Japon despues de 2 bombas nucleares... asi, se ha levantado Alemania despues de 2 guerras mundiales... entonces, cual es la excusa para que 2 amigos no puedan cambiar su estilo de vida, haciendo lo que les gusta.

Entonces, todos los pensamientos negativos de Alberto comenzaron a desaparecer... y la esperanza y el soñar con algo nuevo y bonito como el ave fenix, le hicieron resurgir. Pues soñar no cuesta nada... e imaginar lo que no se tiene menos aun.

Como el grupo bacilos menciona en su cancion el primer millon... "Estoy ya cansado de estar endedudado, verte sufriendo cada centavo.. dejemoslo todo y vamonos para Miami, voy a lo que voy, volverme famoso, la vida de artistas y de canciones...vender ilusiones que rompan diez mil corazones"....

Y en otra estrofa dice:

"Ya quiero salir de esta bicicleta.. salir a rumbear sin pensar en la cuenta, comprarte un vestido de Oscar de la Renta... tranquila que hay viene mi primer millon"...

Mejor ejemplo imposible... estos tipos tenian claro quienes eran, que deseaban y como lo conseguirian para, llegar a su autorealizacion... asi que si ellos pueden, ¿Por qué yo no?

Asi pues, que ahora solo quedaba... actuar, hablar con Eduardo sobre un plan en grupo para cambiar lo actual y a posteriori... resolver ese tema pendiente que era su hijo o hija abandonado.

Los ¿Por qué? Ya no importaban... pues cuando estos salen, las escusas vienen a un lado con paradigmas o justificaciones... y eso es de perdedores y de un grupo, al cual no queria estar afiliado Alberto ya.

Pero... faltaba analizar algo... o mejor dicho, una idea nueva aparecio en la cabeza de Alberto: ¿Si estas preguntas pueden abrir caminos o aclarar situaciones a las personas?, ¿Cuáles preguntas debe hacerse una organización para obtener los resultados que espera?.

Y sin querer... Alberto habia creado una metodologia, similar a la de la Gerencia Estrategica pero mucho mas simple. Las preguntas eran las mismas pero debian hacerselas los socios, accionistas, presidente o directores de la empresa para despues de tener todo claro, aguas abajo pasar el deber ser a los empleados a finde que estos las interiorizaran y acorde a lo que buscan para sus vidas, evaluar si la empresa les conviene o no.

Si la empresa y el empleaaado van de la mano... el equipo de alto desempeño esta armado dado a que su union y fortaleza sera tal que no habra nada ni nadie que los desvie de la consecusion de los objetivos con buenos valores y principios. Si no estan en linea; se abriran puertas para que salgan los que quieran de la organización en busca de sus sueños pero en buenos terminos, entrando otros que si esten alineados a la mision, vision, valores pero teniendo presentes que las fortalezas deben sumer mas al equipo, que lo que restan las debilidades.

Que vean oportunidades mas alla de lo normal, pero sobretodo que tengan un gran corazon y cerebro para de manera creativa minimizar las amenazas que en todo pais o mercado existen.

Sus objetivos tan alcanzables deben ser, como retadores... y tan entrelazados y compenetrados a otras areas como, para alertar oportunamente cuando algo saldra mal o alguien no esta dando el 100% de lo que se espera; pero no en manera de chisme o destructiva... sino en un rol de Director de Orquesta en donde todo debe sonar y moverse a tiempo como el gran sistema sonoro que representa para, que la audiencia pueda pararse complacida a aplaudir cuando el Director, la musica ordene terminar.

Asi de sencillo...

Eso es lo que tenía en mente Alberto comenzar a vender… pero esperaría al día siguiente para conversarlo con Eduardo.

CAPITULO V – REDEFINO ROLES, SINCERÁNDOME CONMIGO Y LOS DEMÁS PARA ESTABLECER COMPROMISOS

La mañana siguiente, Marina despierta abrazada por Raúl en la cama, mientras este profundamente dormido roncaba.

Mira a su esposo detalladamente y sonríe dándose cuenta que todo lo que había anhelado lo tenía a su alrededor.

Se levanta de la cama con cuidado, abre la puerta del baño… aprecia la inmensidad del mismo y curiosamente reflexiona que mientras ella tiene tantos lujos, hay miles de personas en el mundo que no tienen acceso al agua. Por esta razón abre la pila lo justo y necesario para mojar el cepillo de dientes, procede a cepillarse… se desviste y esta vez, en vez de llenar el lujoso jacuzzi como siempre lo hacía o, tomar una larga ducha con sus regaderas cruzadas… tan solo se limita a bañarse lo justo y necesario para sentirse bien.

Aparentemente algo está cambiando en ella y lo nota… al punto de preguntarse en su cabeza mientras se ducha, ¿esto se llama felicidad?... ¿así de sencilla es? Y comienza a cantar… un poco desafinado pero total, ella es la única que se escucha así que no le importa ¡y sube el tono!!!... tararea la canción, hace onomatopeya hasta de los instrumentos y baila… los toca… es una locura… una corta locura, pero sirve para arrancar bien su día.

Tranca la ducha, toma el paño y comienza a secar su cuerpo desde las piernas hasta arriba. Enrolla el paño en su cabeza, y procede a colocarse la bata de baño para salir con pantuflas puestas y proceder a elegir el vestido más colorido que tenía en el closet.

Ese que compro por si hay algún coctel en las Bahamas y me invitan o una boda de un amigo que rente una isla paradisíaca en donde todos asistan, pero nos les importe que lleva puesto la señora de... es decir, el vestido utópico a usar... pero que en el closet esta. Ese mismo vestido que toda mujer tiene, que no usa por que no adora... pero que cuando le compro sencillamente dijo me gusta, me queda bien... me lo llevo.

Sabia, perfectamente cuál era y en que parte del armario estaba... es más sabia con cuales accesorios y zapatos irían pues, estos estaban en la misma lista de los inutilizables. Tomo el vestido naranja con orquídeas de la especie barco, grandes que entre ocres, amarillos, rojos y negros se destacaban. Se puso aretes y collar amarillo... sin cinturón pues el vestido no lo ameritaba y por primera vez unos zapatos bajos tipo toreritas amarillos que, completaban su gran estilo, pero casual.

Soltó el cabello dejándolo al natural, sin sécalo o plancharlo o mucho menos amarrarlo con colas, ligas, ganchos o pinzas para peinados que común mente utilizaba.

Tomo su cartera más pequeña negra…. traspaso su monedero y bolígrafo de la otra cartera a la actual, tomo su agenda y bajo a la cocina.

Al llegar allí, corto de su agenda 2 paginas completa para escribir: "Te Amo… Gracias por siempre estar a mi lado" en una.

Y en la otra… hacer un dibujo de un rey, una reina y una pequeña princesita… para en pie de página colocar. Eres mi todo, hija amada… no sabes leer… pero prometo desde hoy darles lo mejor de mí.

Coloco las hojas en la Nevera para que Raúl pudiese verlas a como dé lugar… y por la puerta interna que llevaba a la cochera, se montó en el Mercedes Benz Clase C AMG C43 Coupe blanco que por alguna razón tenía tiempo sin usar, prendió la música a todo volumen y rumbo a su trabajo salió.

Mientras conducía, activo el mano libre del teléfono, lo conecto con el del carro y comenzó a llamar a Alberto…

Al tercer repique contesto…

- Hola Alberto… señala Marina.
- Hola Marina ¿Cómo estás?... que placer escucharte. Indica Alberto con voz súper activa.
- Bien, bien aquí llamándote para ver que es de tu vida…. ¿Qué hiciste ayer?

- Hay Marina, mucho que contar cariño…. Pero vale más que te lo cuente en persona y así tengo una excusa para vernos, tomar otro café donde Don Ricardo y para contarte con ansias, lo que tengo en mente.
- Excelente Alberto, podemos vernos al medio día si gustas… ojo, puntual pues a las 2 tengo reunión de cierre de ejercicio con los dueños de la empresa.
- Puntualito Marina, allí estaré… de paso, aprovechas y me cuentas de que hablaron con Eduardo ayer que me interesa bastante.
- Claro que si amigo… nos vemos a las 12:00 p.m. seguro… te dejo pues me está entrando otra llamada de la empresa.
- Seguro bye… Marina.

……

- ¿Sí?, con quien tengo el gusto…. Dice Marina respondiendo a la otra llamada.
- Es Francis señora Marina, la asistente del Dr. Smith, Presidente del Grupo.
- Ah ya… Hola Francis ¿en qué puedo servir?, si es por lo de la reunión de cierre de ejercicio, ya sé que es hoy a las 2:00 p.m., ya envié mi presentación y los brochure a los Directores y miembros de la Junta Directiva para que revisen los resultados y si hay dudas se aclaren en la misma.
- No mi señora, no es sobre eso…
  En la recepción de la empresa hay unos investigadores que desean hablar con usted y

llevan más de 30 minutos esperándola. Nos acaba de informar el Gerente de Seguridad.
- ¡No entiendo!!! Y porque desean hablar conmigo, ¿Cuál es el motivo? Y ¿por qué el Gerente de Seguridad no me llamo directamente?
- La verdad señora Marina, desconocemos todos los motivos, no han querido soltar palabra alguna, pero es mi deber informarles en ¿cuánto tiempo usted llegara a la oficina?
- Diles que en 5 minutos llego, estoy cerca… ojo, y no es que voy tarde solo que no me informaron de la urgencia del caso.

Procede a colgar la llamada… acelera la velocidad y en efecto, ya en 6 minutos entra al estacionamiento de la empresa.

Al llegar inmediatamente se acercan a ella varios funcionarios perfectamente uniformados e identificados con carnet.

- Sra. ¿Marina Sánchez?
- Si señores oficiales responde Marina con voz temblorosa…
- Queda usted arrestada por los presuntos delitos de especulación en precios, acaparamiento de mercancía y boicot.

Tiene derecho a hacer una llamada, a un abogado publico si no posee los recursos… y recuerde que todo lo que diga puede ser utilizado en su contra. A partir de este momento será trasladada a la Cárcel del Cuerpo de Investigaciones Civiles y

Penales de la ciudad hasta su presentación con el Juez el día de mañana... quien dictará la medida de privativa de liberta por 45 días hábiles en una cárcel municipal, mientras se investiga a fondo el caso para una sentencia definitiva o, bien puede salir en libertad bajo régimen de presentación, fianza o plena, según los alegatos que su abogado presente y lo que considere el Juez...

- Pero, no entiendo... dice Marina.
  ¿Por qué me hacen esto?... ¿A qué se debe?
- Señora, salga del vehículo ponga las manos en el techo del carro, abra las piernas y déjese revisar.
  Si lleva alguna arma o algún objeto punzo penetrante indíquenos y no trate de agarrarlo.
  Cuando mi compañero le indique pondrá las manos en la espalda unidas para proceder a esposarla por medidas de seguridad... si están muy apretadas, con gusto le aflojaremos un poco pues entendemos que no es una asesina, pero, debemos cumplir el protocolo, espero nos entienda.
- Marina, procede a bajarse del carro lentamente... indica que no hay armas ni objetos filosos, hace todo lo que los funcionarios le indican y en eso procede a preguntar. ¿Puedo llevarme mi teléfono?
- Señora, esta presa, detenida... no se si no ha comprendido su situación. Deje todo en el carro. A su Gerente de seguridad le daremos las llaves para que él tenga acceso a su cartera, estacione mejor el vehículo, etc. etc... cuando llegue a la estación, le prestaremos un teléfono para que se

comunique con su abogado o familia y le visiten para que se prepare para el día de mañana.

Proceden a montarla en la parte de atrás de una pick up doble cabina... esposada, encienden las sirenas y comienza el calvario de Marina.

- En el trayecto Marina, no podía entender lo que le estaba ocurriendo...
Siempre había sido una persona de Ley, jamás había ni siquiera recibido una multa por cruzar un semáforo en rojo.
Profesionalmente su conducta era intachable, no había jamás solicitado comisiones por contratar proveedores, ni recibido propinas o soborno alguno de ningún ser. De hecho, recordó que una vez el Presidente de una empresa publicitaria, le propuso obsequiar un viaje a las Islas Maldivas con todo pago para ella y su familia por 1 semana, si otorgaba a su empresa, el contrato de comerciales televisivos de la firma cosmética por 2 años...

El resultado, un descarte automático de la propuesta realizada por el ejecutivo y una ruptura a sobre cerrado de la cotización realizada por esta empresa durante el proceso licitatorio, alegando intento de corrupción. Aun a sabiendas, que en un proceso normal hubiesen ganado por tener costos competitivos acorde a los pecios que maneja el mercado y la calle, por tener alta experiencia y una cartera de clientes extremadamente reconocidos.

En esa oportunidad, hasta el Presidente de Firma donde trabaja, de manera escrita conoció las razones del descarte de esa empresa publicitaria... así que, como podían dudar de ella.

Por otro lado, el motivo de su detención, ¿venia por una denuncia interna?... o ¿Era el estado quien la estaba involucrando en algo? por ende esto martirizaba la mente y el tiempo de tránsito hacia el centro de detención temporal se hacía más lento.

Pasaron unos minutos y al llegar a la estación, la empezaron a empujar hasta llevarla al final de la comisaria. El trato de un vagabundo a perro callejero era privilegiado versus la manera como le trataban.

Pasaba una oficial y le decía: Y está detenida lujosa en que calabozo la meto...

Otra respondía, primero reséñala (que es poner las manos en tinta para el vaciado dactilar en hoja del centro de reclusión), a fin de introducir su captura en el sistema y pasar la novedad al fiscal acusador para la preparación del caso por parte del gobierno al Juez.

En eso, uno de los oficiales que venía con Marina, quita las esposas... saca su celular y le dice. Lo prometido es deuda, realice su llamada legal antes de llenar los formularios y pasarla a calabozo.

- Marina, en ese momento no sabía si llamar a su esposo, pues el lógicamente se enteraría. Si llamar a su abogado, pero el número no lo tenía o... bien llamar al Presidente de la empresa (cuyo número lo sabía de memoria de tanto reportar a diario información), para ver las acciones legales que tomaría la empresa en su defensa.

Procede a marcar el número de teléfono del Dr. Smith... y en una primera ocasión después de múltiples repiques este no responde.

Procede a marcar el número nuevamente... y nada. El Sr. Smith sigue sin contestar.

En ese justo momento Marina pregunta al oficial si puede enviar un mensaje...
Y este amablemente indica que sí.

Entonces Marina de forma desesperada... comienza a redactar algo básico pero concreto.

"Sr. Smith, es Marina Sánchez... quería saber si ya están enviando a la firma de abogados para mi defensa".

Sin que pasaran 30 segundos... el teléfono del oficial suena con un simple ¡bip!!

Y cuando Marina procede a intentar abrir el mensaje, el oficial le comunica... que no puede abrir el mensaje, que le entregue el teléfono y él le dirá lo que le escribieron.

Marina... ahora con manos temblorosas, procede a entregar el teléfono y el oficial tan pronto como recibe el equipo, sirve en informarle.

- Han respondido esto: y le muestra el mensaje "Estas Despedida... la empresa no puede involucrarse en el caso".
- Increíblemente conmocionada, Marina... lee el mensaje y en vez de llorar, gritar, etc. Comienza a reírse suavemente.

Esto no puede ser cierto, debe ser una pesadilla... una muy mala pesadilla comenta.

Tantos años dedicados a esta empresa para que me salgan con esto... No son capaces si quiera de darme la cara, de hablarme y decir en que falle o bien que está pasando y por qué estoy metida en este problema.

Pensar todo lo que ganaron por mi trabajo, cuánto dinero les ahorre, cuanto de mi vida invertí en ellos, cuantos problemas legales les evite con mi conocimiento para esto... ¿así me pagan?, saliendo por la puerta de atrás.

No hay problema... de estoy voy a salir airosa. Oficial disculpe por favor llame a mi esposo a este número y dígale que traiga el abogado de la familia y mi laptop de la casa. Allí tendré elementos para mi defensa...

Y nuevamente mil gracias por el apoyo y la atención prestada,

- No se preocupe señor estamos para servir entre lo que cabe.
En eso voltea y le indica a la oficial de turno.
Por favor reséñela y métala en la celda de menor peligrosidad.

La oficial procede a imprimir la ficha de reseña, brinda a Marina la tinta indeleble... y le señala, favor parece. Apoye ambas manos completas en la almohada húmeda. Coloque las palmas en estos formatos...

Por favor coloque cada una de las huellas donde señala la ficha que va cada dedo.

Tome este papel sanitario para que limpie sus manos... y listo.

- Marina haciendo caso a cada una de las instrucciones... y devastada por lo acontecido. Solo puede botar algunas lágrimas.

Al terminar... 2 funcionarias se acercan a ella, y proceden el traslado a la celda, pero... en este ínterin hay un gran cambio.

Por fuera la comisaria está limpia, pintada.... Pero, a medida que va bajando por los pasillos angostos y las escaleras, el olor a orine es cada vez mayor.

La suciedad embarga el lugar. Aguas negras o servidas pasan por algunas esquinas del sótano... y el único baño para los presos esta clausurado.

Comienza a pasar por varias celdas, en donde personas sin zapatos, ropa sucia y rota, caras marcadas, cabellos no arreglados entre otros muchos perfiles no acostumbrados a ver normalmente por Marina, incluso en las calles por donde transita... son el común denominador.

Abren una reja... y al llegar la recibe una joven no mayor a 20 años, con un lenguaje educado y religioso entre lo que cabe.

- Soy la Pastora y jefa de la celda... bienvenida.
Te voy a decir las reglas y espero que las entiendas rápido y preciso. Pues si te equivocas en algo, te corto la cara...

1. El baño es esta esquina. Aquí tienes una bolsa para que la abras, hagas un barco en periódico y defeques. Cierras la bolsa y la pones allí donde están las otras. Si vas a orinar... en aquella esquina esta la rejilla donde orinamos. Si no cae todo dentro, con ese haragán la escurres y dejas limpio el baño. Papel higiénico no hay así que el periódico es nuestro medio de defensa.
2. Ta pronto te pares de hacer el punto 1... lee dices a alguna otra presa que te hecha agua en las manos. Si nos tocas sin lavarte las

manos te cortamos la cara cualquiera de nosotras.
3. Si quieres bañarte allí hay un pote de gaseosa con 2 litros de agua. El agua llega 2 veces por semana y solo se nos permite agarrar 10 litros por persona por cada vez que llega. Por ser nueva te regalo 2 litros de la mía… ríndelo y adminístralo bien.

Nos bañamos al lado de la rejilla donde orinamos…. Así que igual al bañarte a escurrir.
4. Cocinamos al lado del baño… si, si allí mismo don están esos 3 bloques y no me mire con cara de asombro… pues la cocina de 1 hornilla eléctrica, solo puede ir allí que es donde tenemos la única toma eléctrica. La cocina es mía, así que después que yo la uso, entre todas ustedes se reparten el resto del tiempo.
5. Debes decirle a tu familia que te traiga una colchoneta, o te sale es piso mama… aquí camita no hay y el espacio es bien reducido. Nuestras camas son el hogar… así que, si las pisas a propósito o por accidente, te cortamos la cara.
6. La visita no se mira… y menos si hay visita conyugal en la celda.
7. De la visita nadie habla ni para bien o para mal.
8. Si te traen comida y quieres algo para ti sola, debes traer otro plato para que todas las demás comamos en partes iguales… caso contrario tu única comida se divide en partes

iguales para todas. Aquí no hay ni más vivas ni más bobas... y todas estamos igual de Detenidas... Presas... así que o llevamos la fiesta en paz... o bueno, al vivo se le castiga y se le quita la comida. Robada pues...

9. Aquí no se pierde nada... nosotras no nos robamos nada. Quien lo hace, le cortamos la mano... la apuñaleamos, la matamos ok... y los guardias, están claros de eso. Así que reglas son reglas... espero las hayas entendido.

10. Si nos meten a otras reclusas de otros calabozos nos defendemos juntas... a partir de este momento usted es cusa de nosotros, amiga, compañera de celda y mientras cumpla las reglas usted esta es protegida por nosotras y con nuestra vida. ¡Ok!!!

- Marina a todas estas, con cara inflamada de llorar... con mirada perdida de ver como estaba el día anterior en su lujosa casa, esta mañana en su despampanante baño... y ahora, tener que dormir en el piso, en una habitación de mis x 5mts con no menos de 15 convictas... solo alcanza a decir en muy baja voz: Entendido.

Procediendo a sentarse en puntillas, en todo el frente de la puerta de la celda.
- Las Pastora por su parte, al ver lo sumisa de la postura de Marina... procede a preguntar:

¿Y tú por que estas aquí?, yo mate a una joven que se metió con mis hijos en el barrio. Esta que está a mi lado... si si la árabe, bueno le decimos así... cayo preso por matar a un hombre que violo a su hija. Aquella es ladrona de carros... esta que está ahí sentada, estafa al que se le cruce. Es flaca de la esquina roba celulares con una pistola... y bueno así el resto te explicaran porque están aquí. Pero tú... tan bonita, tan fresita... delicadita, ¿por qué caíste?

- Marina responde: Sin querer ser mal educada o dármela de santa... solo les puedo decir que no sé. Siempre he trabajado duro, es lo único que se hacer... y hoy me acusan de 3 delitos. Especulación, acaparamiento y boicot.

   Cuando Fijo los Precios con base a la estructura de costos que pasa contabilidad... con un margen de utilidad o rentabilidad muy inferior al 30% de ley. Jamás he ordenado que retenga en los almacenes algún producto o que por el contrario no se venda o pueda ser vendido... y en lo que respecta a boicot, no tengo ni idea de que aplica a eso, pero puedo demostrar que tampoco lo hice.

   Así que Dios sabe que yo debo salir de este problema rápido

- Bueno hermana aquí la justicia es ciega, también sorda y que digo muda. Si tiene plata sale... si tiene como mover a chantajear a los funcionarios sale... si puede comprar al fiscal sale... y si conoce a la juez mega sale. Si el afectado tiene más dinero que usted la hunde... y si mañana no demuestra que es inocente, pasara los 45 días más largos de su vida, pues esos días hábiles solo computados de lunes viernes se hacen eternos. Sumado a eso, al llegar a los 45 días, el fiscal acusara nuevamente y se sumaran 15 días hábiles más para su audiencia y... si ese día el juez no va se difiere por un mes más... y se la próxima vez llueve y se va la luz, se difiere, y si llega navidad se difiere, y en las vacaciones de los chamos vacaciones judiciales y así... podrán pasarle unos años aquí de gratis.

Así que muévase hermana y que los que están afuera le ayuden como es...

- Mil gracias pastora por tu sinceridad, por ser tan clara y explícita... y más aún por ponerte tú y todas las demás internas a la orden con su vida para defenderme si desde otras celdas presentan problemas.

Sinceramente no pensé que esto sería así jamás... Ustedes tienen los roles bien definidos, sus normas, se sinceran con los nuevos y con ustedes mismos de forma explícita, creando compromiso tanto a la no violación de las normas como un lazo de unión y fraternidad ante terceros. Y eso no es usual allá afuera... así que resulta difícil de comprender como aquí si es posible.

- La pastora quien era una mujer pequeña, morena, de labios anchos, una cicatriz amplia en el pómulo derecho, cabello corto negro bien enrulado, sin casi senos pues su musculatura había consumido la grasa de su cuerpo en complemento con el hambre… con franelilla blanca con muchas costuras para disimular lo vieja y rota que estaba. Un short de jean extremadamente apretado cual fuese de una o 2 tallas menores de la real… y unas sandalias playeras de esas en las que 2 dedos son el agarre.

Al escuchar es enseguida replico: Aquí somos reales, sin mascaras… no tenemos nada ni somos nadie. Todos somos iguales y nuestros derechos comienzan donde terminan los del vecino.

Cada quien sabe lo que debe hacer para sobrevivir… y las normas que tenemos, se han implantado por que tu salud, es mi salud. Si tú te enfermas, mañana me enfermare yo y nadie nos va a sacar a una clínica para mejorarnos. Si tú no duermes bien, no rezas y hablas con Dios tus problemas…. Él no te escuchara. Te apuesto que con una cama grandota jamás te inmutaste en hablarle a Dios y darle las gracias por todo… Ahora aquí si lo harás y lo aprenderás. Por eso el detalle de las camas… y el respeto que le tenemos a cada colchón o colchoneta. Es como nuestro altar en donde cada uno de las presas desahogamos nuestros problemas.

Todos aquí sabemos el tiempo que tenemos sin ver el sol… sabemos cuánto falta para que vuelva a llegar el agua y repotenciarnos al menos con eso. Tenemos clarito el número de días que nos falta para cumplir una condena, volver a ir a juicio en los supuestos "45 días" ... o mejor aún desde hace cuánto no nos visita nadie, nos abandonaron o tenemos sin comer.

Un funcionario no va a sacar de su bolsillo para regalarte un kilo de arroz y comas... aquí el kilo de arroz te lo trae un familiar cuando se recuerdan que existes... así que debes administrarlo pensando que no volverás a comer en 1 o 2 meses. O te lo ganas haciendo alguna función de limpieza de oficina cuando así lo requieren... o bien portándote bien con otros presos y las familias de estos te adoptan.

Es decir... o te acoplas o te acoplas o corres con las consecuencias.

Nuestros roles, los tenemos claro... Yo soy la jefa porque soy la que más tiempo tengo aquí, por que busco unir y tener paz... dormir en paz sabiendo que todos nos protegemos como una manada. Si mañana hay comida poca o mucho, algo me tocara... no sé qué será o que traerá la suerte o destino, pero al estómago caerá... y es un estomago igualito al de todos los seres humanos.

Los domingos rezamos y todas las semanas alguien lleva la oración en boca. Por un día esa persona escoge los versículos de la biblia a leer, el tema a agradecer o reflexionar y no hay una sola persona que no de lo mejor de sí para ese día. Es parte de un rol que te puede tocar una vez cada 3 meses... así que lúcete. Así como hay que lucirse cuando tienes una oportunidad de conseguir un empleo, de robar a alguien de billete jajajaja tu sabes... son pocas las oportunidades y hay que aprovecharlas.

En ese mismo momento se escucha por el pasillo a un guardia gritando... Marina Sánchez... ¿quién es Marina Sánchez?

- Y Marina que no veía la hora de salir de allí enseguida grita: ¡Yo señor!!!!

El carcelero procede a abrir la celda y le dice... han llegado 4 personas a verla. Ojalá y puedan ayudarle.

- Gracias a Dios... Debe ser Raúl con los abogados.

Procede a iniciar nuevamente la subida por los pasillos asquerosos... y al llegar al sitio donde le habían reseñado. A su sorpresa estaba Eduardo con su Novia Patricia, Alberto y Raúl su adorado Esposo.

- ¡Que alegría verlos muchachos... no tienen idea por lo que estoy pasando!!! Señala Marina con voz de desesperación.
- No te preocupes Marina vamos a sacarte, responde Alberto...
  Hemos tenido casos similares así en la empresa y tengo claro que pedirá el Juez para darte la libertad.
  Sumado a esto Eduardo ha traído a su novia, quien es una de las mejores abogadas del país. Y bueno tu esposo ha traído la laptop para que puedas suministrarnos la información que

necesitamos para tu defensa... de hecho, Marina conoce al fiscal y al Juez y si tenemos pruebas contundentes podemos presentarlas hoy mismo para que te liberen con fianza y así no duermas en este sitio tan horroroso.

- Mil gracias a todos de verdad... pues sí, no tenemos mucho tiempo, que necesitarían para defenderme. La clave de la laptop es la fecha en que nos casamos amor... completa, con "/" para que no sea tan fácil.
- Patricia, que a la hora de trabajar era muy similar a Marina... concretamente dice:

1. Los cargos por los que te están acusando son: Especulación. ¿Tú fijas los precios? Y de ser positivo ¿con base a qué? Adicionalmente eso está definido en tu rol de Directora y en tu descripción de Cargo de donde hasta donde son tus responsabilidades.

    o Marina a esto, rápidamente responde. Si fijo los Precios... con base a un costo unitario por producto que me pasa contabilidad. En la Laptop está el Archivo Denominado Costos Actuales por mes, que recibí de ese departamento. Es más, en la carpeta del correo están todos los anexos mes a mes recibidos...
    La empresa quizás pensó que no tenía respaldo, pero suelo hacerlo como medida de seguridad pues entiendo que si pasa

algo y se pierde la data la empresa puede quebrar… sí que como ser responsable que soy, lo menos que podía hacer es conocer el histórico de los costos y su evolución versus la inflación para que de allí renazca la empresa.

Seguidamente, tengo una copia en mi contrato como Directora en donde dice que yo soy responsable de colocar precios acordes a Ley, la Ley da hasta un 42,25% de utilidad… y por palabras de organismos un 30% máximo así que jamás me paso de ese porcentaje.

De hecho, en este archivo "precios actuales", está el costo que me dieron con los porcentajes por unidad. Esto es lo que autorice al departamento de facturación a cobrar… si el monto es distinto alguien más modifico el archivo o genero otro tipo de instrucción.

2. Perfecto responde Patricia… vamos bien y esto se ve muy fácil.
Ahora, el segundo cargo es por acaparamiento. Razón por la que debo preguntar ¿has tu parado los despacho, evitado que se facture global o parcialmente a algún cliente privado o gubernamental?
   o No, Para nada… los que hacen los despachos son los de distribución y esa

área esta fuera de mi alcance. El inventario lo maneja almacén que pertenece a logística y cuando se factura, que es una fase de administración "cuentas por cobrar específicamente", despacho procede a solicitar el pedido en el almacén para que estos armen el pedido y distribución pueda montarlo en los camiones y cubrir las rutas del día.

En este sentido si algo se acapara es o por que un cliente importante no ha pagado y se le detuvo la facturación y por ende el despacho. O por retraso en el armado del pedido en el área de almacén. O por falta de unidades que hagan el transporte... que es un problema fuerte que presentamos. Y, si y solo si en algún caso, porque están tardando en montar los precios que envié la gente de sistemas ante una auditoria de administración... pero esto solo pasa en cierres de mes o cierres de ejercicio como pudo ser también para la fecha actual.

No obstante, yo cumplí a tiempo mi deber y se demuestra mediante correo cuando en la junta de hace 3 semanas fijaron nuevos costos y dieron 2 días para entregar los nuevos precios. Entregándose todo oportuno.

3. Excelente Marina. Ahora el tercer cargo es por boicot… que es una figura que establece ley para persona que sabotean, hacen complot u obstruyen las leyes. Pero… aquí no debes responderme nada pues está muy fácil tu defensa.

- Eduardo que no había conversado nada… esperando que su novia liderara la reunión. Ya un poco más tranquilo y con la laptop de Marina en Mano, pues el por ser de sistema se tomó el honor de buscar y abrir todos los archivos que Marina conversaba en reunión…

Dijo: Listo Patricia… ya tenemos todo en el pen drive para que puedas trasmitirlo al fiscal y al juez. Y pronto podamos tener a Marina libre… no es así Raúl.

- Raúl con un tono sereno como habitualmente se maneja, responde: Claro que si Eduardo… así es. Ya tenemos la información completa para que sea el Sr. Smith quien quede preso en esta celda.

El fiscal por ser amigo de Patricia le entrego la lista de precios que esta hoy a la venta al público y contiene no menos del 60% de utilidad, algo muy diferente a lo que demuestras.

Sumado a esto Smith mando a parar todos los pedidos de clientes que ya tenían incluso facturas con productos a precio viejo, por haber incluso pre-pagado esa mercancía. Y dio instrucciones que, hasta que no se cancele la diferencia de precios... no se mueva ni un camión. De hecho, mando a anular dichas facturas para reimprimirlas a precio nuevo.

Por esta razón algunos de los clientes el día viernes en la tarde formularon denuncias ante las autoridades competentes y ayer domingo llego una fiscalización a la empresa por parte de estos funcionarios adscritos a este tipo de delitos a fin de investigar lo ocurrido... y obvio al llegar lo primero que les llamo la atención es que los almacenes están llenos, no hay unidades cargando, que es sinónimo de acaparamiento. La utilidad es una aberración... y cuando sumas ambos delitos claro que existe un saboteo a la economía del país y hasta a la propia empresa que, comienza a tener costos fijos y cero ingresos.

Cuando estos preguntaron por la persona responsable, el Director de administración se lavó las manos y para no culpar al Sr. Smith que fue quien dio la instrucción de incrementar la utilidad, te menciono a ti. Al hablar con los encargados de Almacén y Distribución, estos acotaron que había un problema serio con los precios y por eso se estaban rehaciendo las facturas... razón por la cual, toda la culpa era de Ventas y Marketing.

Cuando llamaron al Gerente de Sistemas ayer en la noche para ver que ocurría, el solo dijo que los costos no son más que el resultado de todas las facturas ingresadas, sueldos, alquileres, compras de materias primas, servicios, etc. Así que era imposible que estos estuviesen malos... y menos aún por que automáticamente se disgregan los costos en el número de unidades producidas por planta de forma automática. A este punto administración no podía tener el error... quedando solo el precio de marketing como culpable tentativo pues sus precios son manuales o con una simple hoja de Excel.

Ahora lo que no saben es que ya Patricia, solicito que el fiscal interrogase al analista de sistemas de turno desde el día miércoles hasta el Domingo... y este con tan solo una llamada, confesó que recibió una instrucción del Jefe Mayor de subirle 30% a los precios ya publicados en sistema... y como tu Marina no le pones 30% de rentabilidad a todo, algunos productos quedaron con 60% otros con 66% y 45% en el peor de los casos... etc. etc.

Ahora, esto no lo sabía tampoco el Gerente de Sistemas... así que queda libre de pecado si te culpo sin querer. Los de Almacén, estaban en lo cierto es un problema de Precio, pero no por tu gestión, ahora el que, si hay que cuestionar en al Director de Administración, pues este si debe tener claro el responsable e incluso debe ser cómplice pues es el quien ve las utilidades finales, declara los impuestos, etc. Y en el impuesto sobre la renta proyectado del mes, IVA, pago de impuestos de alcaldía, etc., sería una locura con estas mega rentabilidades lo que generaría así que, tendría o que ver como solapar eso o justificar bien a fin del mes el pago elevado de las tasas e impuestos.

Así, que no te preocupes mi amor. Ya pronto estarás afuera...

- Mil Gracias Raúl por tu acostumbrado apoyo. Ahora bien, ya debo regresar a la celda así que por favor a la hora del almuerzo tráiganme comida para varios. Tomare esta oportunidad como una experiencia de vida y me relacionare con quienes comparto celda. Quizás allí aprenda cosas que no se, o bien recuerde cosas que he olvidado.

Déjenme la comida con el Guardia que él la baja para que no pierdan tanto tiempo aquí y, chicos, mil gracias a todos por el apoyo... Se les quiere.

En ese momento Marina procede a levantarse de la silla y acercársele al carcelero o custodio y le dice, estoy lista señor... podemos regresar. Nos vemos nuevamente volvió a decir viendo a quienes le habían visitado y con cara de tristeza, bajando la mirada quizás un poco avergonzada de si aun cuando ya no se sentía culpable... inicio su descenso nuevamente a la celda.

....

Al llegar, abren la celda y allí están... quienes a pesar del corto tiempo viéndola, ya les sentía como sus protectoras.

Procede a sentarse en el piso Marina y en el transcurrir del movimiento, la Pastora le dice:

- Amiga, no tienes colchoneta ni colchón, así que vente y siéntate conmigo aquí en mi cama. Tranquila que no te va a pasar nada.
- Pero, ese es tu hogar como me dijiste, comenta Marina medio temerosa…
- Si lo es, y por eso quiero tomarme el tiempo para conocer a alguien como tu Fresita…

  No todos los días cae alguien refinada aquí, lo normal es que caigan personas sin valores, malandros, drogadictos, prostitutas, personas por hurto o asesinato, personas que hacen violencia doméstica o que abusan de sus hijos… alguno que otra estafadora o que hace homicidio sin querer, funcionarias corruptas se ven de vez en cuando, pero… personas lujosas como tú. Pocas…

  Así que vente y danos una charla, como es… destácate.
- Marina, que no sabía si comenzar a hablar de su vida o de lo que le estaba pasando. Lo primero que logra decir es:

  Bueno para empezar pedí comida para todas… así que empecé cumpliendo la norma 8 que me encargaron.

- Jajaja muchacha tonta. Para que nos enumeras las normas… las normas son para cumplirlas, no para memorizarlas. A poco te sabes los 10 mandamientos de Dios en el orden de la tabla de Moisés… No creo.

O te sabes todos los artículos de la constitución en línea...

No lo creo. Las normas están para saberlas, darles importancia y cumplirlas... en algún momento podrán saltarse, pero siempre que sea por otra norma que tome prioridad. Lo importante es tener criterio para defenderla.

De aquí que si tú por ejemplo, te sientes mal y estando enferma pisas alguna de nuestras colchonetas por no haber comido bien... Créenos que antes de cumplir la norma velaremos porque te recuperes... ya después limpiaras la colchoneta, el baño o la cocina o los platos o que se yo... jajajaja resolverás todo por 1 semana. Pero primero lo primero... el bienestar común. ¡Entiendes!!!, ¿o tienes alguna duda?

- Por supuesto, entiendo perfectamente... ya que saben que no es por mala gente que paso, sino por una condición especial.
- Claaaro!!!! Así mismo...
Lo importante es que seas real y uno saber que no fue con intención, que te disculpes... ya sabes ser gente sobre todas las cosas.
Pero, no te me desvíes y comienza a cantar pues jajaja...
- Bueno muchachas el tema es que creo que saldré pronto. Mi esposo, 2 amigos y la novia de uno de ellos que es una abogada famosa ya tienen todo en mano para mi defensa hoy mismo o mañana. Dios mediante.

Y en eso se escuchó un Amen en forma de coro, donde todas las reclusas por la misma respondieron.

Si Amen respondió Marina.

El culpable de todo es el dueño de la empresa en complot con el Director de Administración, ya las pruebas están levantadas... lo lamentable es que quizás el analista de Sistema de turno caiga preso por violar las leyes siguiendo una instrucción pero que se le puede hacer, dicen por ahí que el desconocer la Ley no nos libra de ella tristemente... y lo peor muchos conociéndola, fíjate lo que originan.

Ahora con esto que me está pasando, me pregunto, ¿cuantos inocentes existirán en las cárceles del mundo?, presos por gente maquiavélica que les tendió una trampa, ¿Cuántas personas estarán presos por no tener un buen abogado, familia o amigos con recursos que les apoyen o bien por alguna razón terminen dejándolos abandonados a la deriva?, ¿Cuántas personas estarán hoy en quiebra dado que su familia vendió todo lo que tenían para poder sacarles de este lugar?... pero peor aún ahora que estoy aquí adentro, ¿Cuántos merecemos estar aquí así sea por unas cortas horas, para poder valorar lo que tenemos afuera? Entender que jugamos a los roles al aire libre, algunas veces como Directores, otras de Gerentes, muchas de Supervisor y muchísimos más de analistas, obreros o personas de nómina diaria... En algunos pocos casos se juega a accionistas de empresas grandes y en otras a simples emprendedores con una idea o un micro negocio, pero, con algo siempre en común. "En todos los casos... persiguiendo el sueño de alguien y olvidándonos de perseguir los nuestros ".

Incluso nos acostumbramos a cumplir un rol, como lo hacen los computadores cuando se les programa para hacer algo, una rutina, un proceso continuo. Nos levantamos, cepillamos, desayunamos, manejamos, marcamos a la entrada a la oficina con la tarjeta, llamamos, analizamos, programamos, salimos a almorzar, calentamos la comida, entramos otra vez a trabajar, esta vez almacenamos, organizamos, imprimimos, guardamos, enviamos... y salimos del trabajo, marcamos, conducimos, llegamos a casa, nos bañamos, cocinamos y a dormir. Entre tanto y tanto...nos comunicamos, algunas veces de manera efectiva y otras no tanto bien con compañeros, amigos familiares, pero... en cierta forma nada que rompa la programación o rutina.

Ahora bien, cuando nos pasan estas cosas, nos vemos obligados a redefinir los roles y a priorizar... y preguntarnos ¿Qué es lo que más quiero hacer hoy? Y la respuesta común es ser libre. Volver a pasar por todos esos sitios que eran cotidianos pero que solo veía pero que jamás observé y en donde no tuve el tacto de apreciar todo lo que me rodeaba cuando debía. Escuchar a ese pájaro que canta en la mañana que nunca vi...

y que de paso su trinar me molestaba. Decidir con calma que me voy a comer y cuidarme... por que estando aquí comeré lo que otro considere, afuera no. Tomarme el tiempo para saborear ese desayuno que tanto me encanta, que algunas veces cocino o bien que tanto me provoca y por ahorrar muchas veces no me lo como donde sé que lo preparan exquisito.

Entender que ahorrar es bueno... Pero si va de la mano de disfrutar la vida, porque en cualquier momento se nos va o nos las quitan y solo nos llevaremos eso. Sonara a cliché, pero es así y hoy precisamente hoy es que me doy cuenta.

Seguidamente de ser libre, quiero montar mi negocio... si, lo sueño, ayer lo converse con mi esposo. Ya está bueno de producir dinero para otros que fíjate como me han pagado y, llego el momento de trabajar por mi familia, por algo nuestro que herede mi pequeña.

Ustedes dirán, ¿pero Marina si todos piensan en montar un negocio, quien trabajara para los nuevos emprendedores?, y la respuesta es simple. "Alguien" pues los sueños son libres... siempre hay alguien que quiere ser policía, no importara si la paga es buena o mala, pero a alguien le gusta, lo mismo pasa con el medico... no sé a cuántos les gusta trabajar de día, noche o madrugada, pero a esos profesionales no les importa en qué condición se encuentre el hospital, ambulatorio, clínica, etc... siempre están allí para apoyar.

De hecho, me recuerdo un día que un compañero me dijo, "Marina quiero sacarle de la cabeza a mi esposa que no monte su propio Negocio y le doy y doy, pero no lo logro", y lo yo le respondo, no entiendo Ángel a que te refieres... Si montar un negocio debe ser su sueño y algo bueno para ustedes. Si Marina me contesto es su sueño, pero todos los dueños de empresa son ladrones... y yo no quiero dormir con una ladrona. Razón por la que enseguida le replique... pero tú trabajas entonces para un ladrón ¿Cómo puedes dormir? Y su respuesta muy lógica para él y muy ilógica para mí fue... no Marina, yo estudie para mejorar procesos y eso es lo que hago, ahora si supiese sobre los costos y los precios y estuviese claro de cuanto el dueño de la empresa le roba al pueblo... dejaría inmediatamente de trabajar. Pero como no lo veo... puedo trabajar tranquilo.

Ósea Ángel, respondí ¿eres feliz trabajando para un ladrón, pero como no sabes cuánto te roba duermes tranquilo? Pero ¿no podrías dormir con tu esposa, sin saber cuánto ganará o que utilidad obtendrá por el arduo trabajo de ser una emprendedora, de generar trabajo, buscar proveedores, pagar facturas, crearse carteras de crédito, descubrir que productos o servicios son más rentables, más cotizados o sin saber que al montar su negocio lo primero que puede adquirir son productos huesos que pueden llevarle a la quiebra por tener baja rotación o rentabilidad? De verdad eres increíble...

Bueno si Marina respondió... existimos personas que somos feliz trabajándole a otros, y hay algunos que son felices inventando... para mi familia yo quiero lo mejor y lo seguro. Y eso es un sueldo bueno que sumado al mío nos dé para vivir y una vez al año viajar dentro o fuera del país así sea por 3 días. Si lo que hace actualmente no diese para eso la dejo que abra su negocio, pero como donde esta... está bien... que se la aguante y que siga.

Ósea Ángel, prefiere que este donde trabaja frustrada o por un sueldo que, donde desea y con una posibilidad de ganar más...señale.

Tú lo dijiste, "posibilidad" y eso es como la lotería y la suerte. Si se gana bien y si pierdes quedas en la calle... respondió Ángel.

Bueno Ángel, no sé qué decirte... yo creo en que el futuro se hace trabajando. Quizás no todos y es cierto, son igual de exitosos, pero ya el hecho de todos los días soñar con que lograras lo que amas, por qué haces algo con pasión: creo que es una victoria y una pelea digna de admirar. Así como la batalla que enfrentan las personas con cáncer... que no se sabe si se ganara, si es lotería o azar su curación, pero tan solo el hecho de decidir pasar por las quimios y lo que con ellas esto trae... para mí, muy humildemente es lo más valeroso que alguien puede realizar.

Ojalá tú y tu esposa se puedan poner de acuerdo y que este sueño de ella no se frustre a tu voluntad,

que puedas entender y como esposo apoyar su decisión para crecer como matrimonio. Porque al final de no ser así, alguno de los 2 a la larga se sentirá mal y se frustrará y no creo que desees eso para tu relación.

Te dejo, fueron las últimas palabras que cruce con él por ese momento... señalo Marina.

Ahora bien, con este ejemplo creo que parte de sus interrogantes quedan resueltas... no obstante me queda cerrar un ciclo y creo que lo aprendí aquí:

1. Todos debemos de redefinirnos los roles continuamente, eso nos hace crecer pues el establecernos metas retadoras, que nos conllevan a aprender algo nuevo, a innovar a crear, a cambiar de forma de pensar, a descubrir nuevos equipos de personas, conocer gente exitosa o fracasada... pero que en ambos casos nos dan lecciones de vida del que hacer o por que hacer algo. Eso es parte de la vida... y la vida de un Exitoso.
2. Si me sincero conmigo, la vida es como deseo verla..., no como pretendo verla o como me enseñaron a verla o como estoy acostumbrado a llevarla. Nuestros padres, amigos, sociedad, etc. nos han llenado de patrones y nos han condicionado a ciertos comportamientos por el bien social... pero las personas que realmente han revolucionado el mundo de la tecnología, de la moda o el área

que deseen mencionar hasta tener el mundo actual son, las que hicieron las cosas como nadie las hacía. Así que la invitación es a romper los paradigmas e intentar lo que deseamos realizar bajo el contexto racional. Es decir, si bien no se puede saltar de 3.000 metros sin paracaídas... pues nada te salvara... si se pueden inventar nuevas formas seguras de saltar... ¡Claro que sí!!!! Debe de haber 10.000 formas diferentes o tecnologías diferentes por descubrir. Así que para adelante que es para allá que tenemos que ir.

3. Y como tercer punto, ustedes aquí me han denotado algo que afuera no se ve y es el "compromiso". "El compromiso de defenderse entre ustedes, unidamente, cumpliendo las normas, sabiendo que hay alguien más por el que se deben regular ciertas cosas para bien... quizás, producto del entorno, deben ser intimidantes con el mensaje de bienvenida a las personas que entramos nuevas a la celda, pero cuando ya uno les trata, entiende que es por el bien común.".

Por ende, creo que, si establecemos normas fuera de esta celda que, señalen la importancia de que cada quien en sinergia cumpla con el pedacito que le toca para juntos tener resultados positivos... el mundo será más fácil.

Y será más fácil partiendo de que hoy es común, tratar de imponer las normas por coerción... o lo haces o lo haces... si la incumples te castigo, te reprendo, te multo, te agredo física o económicamente, te despido, me divorcio, terminamos, esto se acaba, no vuelves a ir, no lo ves más, no regresas, esto entre un sin fin de frases negativas que solemos decir a diario a todo el que consideramos que está por debajo de nosotros o incluso al lado, pero donde creemos poder influir.

Jurando que, emitiendo señales negativas hacia las personas, estas entenderán las consecuencias para sus vidas y harán las cosas como les mandamos, como creemos que deben de ser, como juramos que es mejor para ellas y nosotros, pero, ¿realmente eso es lo que interpreta el cerebro del receptor del mensaje?

Sinceramente creo que no... pues sí sé que fracasando me despiden y de paso eso me lo refuerzan a diario... el temor me embargara en cada cosa que haga incrementando mi inseguridad y la probabilidad de errar, sumado a que jamás me atreveré a salir del proceso rutinario pues el cerebro sabe que esto representa un riesgo mayor.

Ahora bien, si el lenguaje manejado por el líder, me lleva a lo positivo, a creer que haciendo lo que hago ganare más, obtendré mayores beneficios e incluso arriesgándome a hacer las cosas distintas, existen grandes posibilidades de crecer "aun cuando puedo fallar", o bien explicándome con razones convincentes que mi cambio en alguna actividad laboral, del hogar, de una relación sea cual sea, o incluso propia, transformara algo y generara compromisos de otros que en cadena, terminan mejorando la vida de todos... EL CAMBIO SEGURO VENDRÁ.

- Aja Marina, pero ¿qué pasa si se falla? O mejor aún ¿Qué pasa si estoy forrada de buenas intenciones, pero fallo seguidamente?... terminan diciendo La pastora, al mismo tiempo que interrumpe el discurso, con un tono un poco grosero.
- Ahhh claro, pero las consecuencias existen, responde Marina.

Y no hay forma de ocultarlas o no sentirlas cuando se falla. Pero para este caso creo que es importante denotar inicialmente aquellas que te tocan la piel, que te pueden hacer un cambio drástico y sensibilizan... las que te ponen de ejemplos a otros, llevándote a ponerte en los zapatos de quien ya las sufrió... y refuerzan lo que debes hacer para que no ocurran. Como cuando te hablan de seguridad laboral y te explican la importancia de usar los lentes para evitar perder un ojo, pero de paso te colocan una imagen en el video proyector, con alguien que hoy quedo ciego por no usarlas. O alguien que perdió la mano por no respetar el funcionamiento de una máquina y saltar los protocolos de protección que estas poseen y este ser mediante un video de YouTube, te explica cómo cambio su vida.

Para estos casos te juro, que si las consecuencias las interiorizaste... Ni de broma dejaras de ponerte los lentes o mucho menos te atreverás a crear una condición insegura a riesgo de que la maquina te corte un dedo o la mano.

Ahora bien, si te dicen que se perderán $5.000.000 de dólares (que al final no son tuyos) si no llega el material que prometiste traer para que la planta mantenga su producción sin pararse, o sencillamente no llego a tiempo y el daño se causó: quizás no lo sientas o te duela, pues al final ese dinero no era tuyo. Pero si te dicen que de fallar en el proceso la planta cerrará, dejándote sin una fuente de sustento para tu familia pero que de paso María quien solo necesita 3 meses para jubilarse en la empresa, perderá sus 20 años de servicio en caso de esto ocurrir y Juan el vecino tuyo que tiene a su hija estudiando en el mismo salón de clases, no tendrá como pagar la escuela si se queda sin empleo y tendrá que retirar a su beba del salón. ¿Con que cara vera a su hija?... ¿A María?... ¿A Juan?... a ¿tu esposa?... ¿A los demás compañeros?... difícil verdad!!!

Pues esa es la diferencia entre dialogar o no, entre expresar lo que uno siente y el otro quiere, entre lo que deseo hacer y tengo que hacer, entre evadir o confrontar, entre ser indiferente o solucionar e incluso entre ser negativo o positivamente aportar. Si se hacen estos cambios… cosas buenas vendrán y el compromiso se debe de adoptar como cultura.

Ahhhh… ¿Que van a haber desadaptados que no les importara?... ¡Seguro!!! Pero a esos se les corta la cara aquí o la cabeza en el trabajo… se les excluye de la sociedad o se excluyen por su actuar. Ya allí no podemos hacer nada pues si con este nuevo lenguaje positivo no se crea compromiso de parte y parte, ¿qué más podemos hacer?

¡Que opinan…!!! Muy profundo o les parece bien.

- ¡No hombre Marina, tú lo que eres es rolo de loca!!!

Eso suena fino, pero para serte sincera yo me perdí rapidito. ¡Lo que entendí es que te gusto como somos… y eso es bueno Fresa!!!

Y si le preguntas a este poco de locas… la cosa se va a poner peor porque estas, si estoy segura que nadita entendieron jajajaja así que si aprendiste algo me parece bien, pégate un libro allí y véndelo…. Y bueno que todo salga bien.

Ahora acuéstate a dormir un rato amiga, para que el hambre nos pegue más tarde ya que comida no hay... ninguna aquí hemos desayunado y de comer algo bueno será cuando los tuyos la traigan pues aquí, hace días que el estado no nos da comida. Y como la cosa esta ruda en la calle ni los policías nos mandan a hacer nada para brindarnos así sea un poco de pasta.

Recuéstate en ese lado del colchón y ponte los zapatos de almohada.

Marina, sin dudarlo procedió a hacerlo... quizás porque en este ambiente totalmente distinto al que durante la vida le rodeo, por primera vez se sentía realmente segura.

Quizás, porque allí, no tenía más nada que hacer si no era, relajarse y esperar. Algo que con celular en mano jamás había podido gozar.

Preocuparse de nada valía, ya que estaba en las manos de quienes afuera estaba. Y por primera vez, no importaba que tan inocente fuese o preparada... su rango de acción estaba enmarcado en 4 paredes.

Escapar, era imposible... así que descubrió que solo durmiendo y soñando es que podría disfrutar algo distinto.

El día por alguna razón allí duraba menos, quizás por estar en un sótano donde no había agujero alguno por donde la luz del sol pasara.

Se escuchaba al fondo una mujer gritar... ¡"¡Callecita llámame, Callecita!!!" mientras en la otra esquina con

desesperación un joven no paraba de decir "Mama perdóname Mama" …

Y lloro… suavemente se deslizaron lágrimas por las mejillas de Marina nuevamente hasta que esta, de cansancio y stress dormida quedo.

……………….

CAPITULO VI – SOY FELIZ POR AMAR LO QUE HAGO Y CONTROLAR EL AMBIENTE QUE ME RODEA

Pasadas, unas horas, Marina despierta... y al verse en el mismo sitio, pero ya con una conducta un poco más serena, agarra la bolsa que le dieron, introduce en esta una hoja de periódico dejando la otra parte del mismo para papel sanitario y en la esquina que le señalaron procede a hacer sus necesidades...

El rol de presa se estaba asimilando, no había de otra. Mientras una compañera de celda, a todas esta recalentaba un arroz que tenía no menos de 10 días de cocinado, al cual se le podían apreciar ciertas larvas o gusanos en la superficie... agarra una cuchara sopera y en cantidades iguales comienza a servir.

- Marina, toma... come, le indica la Pastora como líder de celda.

    No es mucho y estoy segura hermana que no será la mejor comida que probaras en tu vida. Pero es lo que hay, no sabemos si la comida que trajeron tus amigos o familiares llegara o si llego y se la comieron los guardias. Aquí no tenemos derecho así que lo que queda es aguantarla y llevarla como mejor se pueda.

- Gracias Pastora... responde Marina procediendo a tomar la cucharilla de plástico que estaba en el plato ya desgastado con su mano izquierda y engullir un poco de la comida con sabor asqueroso y presentación despreciable.

Al tragarla en estado natural arruga la cara….

- Enseguida la pastora procede a pregunta: ¿Te gusto Marina?...

- Muy caliente, responde Marina de manera inteligente… me quemo la boca, pero sabe bien.

- Nos agrada eso, respondió otra reclusa. Es buen saber que te gusta o al menos haces el esfuerzo por que te guste. Sería malo sentirnos despreciadas en las condiciones que tenemos y compartiendo lo poco que hay.

- Si lo se… responde Marina. Es otra de las cosas que me llevare de aquí pues algunas veces debemos valorar las cosas por el esfuerzo y las capacidades que las personas tienen o hacen, limitadas o no… y no por lo que a uno le rodea. Juzgar es fácil cuando se tiene todo o se cuentan con las herramientas, pero para el que lleva la cruz, a pie… esta pesa.

    Mil gracias de verdad por la comida…

En ese momento nuevamente se escucha en el pasillo a un guardia gritar: ¿Marina Sánchez?, ¿Dónde está Marina Sánchez?, ¿Responda que quedo en libertad y le traigo algo que le enviaron, o es que no quiere salir de aquí?

- ¡Aquí, grita Marina desesperada! Aquí…
  Procede a meter todos los bocados que quedan en el plato, de un solo golpe a su boca… tragando

rápido para no sentir el sabor de aquella mezcla. Mientras el guardia se dirige a la celda.

Toma el plato ya vacío y le entrega a la Pastora, diciéndole: Mil gracias de verdad por todas tus enseñanzas... nos volveremos a ver, Dios mediante en algún momento.

¡Suerte a Todas!!!... abraza a la pastora y tan pronto como el guardia abre la puerta sale mandada. Toma una bolsa blanca que traía el guardia y le dice a este... Esto no era para mí, es para ellas.... Disfruten y la próxima semana tratare de traer algo mejor.

Dios las puso en mi camino por alguna razón... así que espero mantenerlas de alguna forma.

- Gracias Marina, se les escucho decir a varias mientras la Pastora con sonrisa en cara solo se encargaba de tomar la bolsa e introducirla a la celda.

- Nos vemos... volvió a gritar Marina por el pasillo... mientras subía corriendo sin temor a que le agarrasen, esposaran o detuviesen de nuevo.

Al llegar arriba, pudo ver a todos los que con fuerza le apoyaron para que saliese rápido, pero al mismo tiempo, pudo ver como traían esposado al Director Administrativo mientras a lo lejos se escuchaban los gritos de Adriana, la esposa del

Director con la que, pocas veces compartió: ¡Nooo!!!! ¡No se lo lleven!!! ¡Él es bueno!!! ¡El no hizo nada!!!

Y a Marcos, hijo de 7 años y Mónica hija de 5 años gritar... ¡papá, papito!!!, no por favor no se lo lleven!!!.... desesperadamente.

En ese momento de desesperación, Marina entra en shock. No sabe si decirle cosas horribles al Director Administrativo por su mal proceder... agradecerle por la nueva faceta descubierta, brindar apoyo a sus familiares o por el contrario desear que se pudra en la cárcel y que los compañeros que tenga de celda sean terribles a sabiendas que sus hijos crecerán sin un padre durante un tiempo.

No obstante... decide focalizar su estrategia en lo que verdaderamente importa. Su libertad, Su esposo e hija y sus 2 amigos con la abogada..., quienes de hoy en adelante serán su guía de actuar.

Y es que la vida es solo eso... valorar cada segundo que se posee y enfocarnos en quienes nos importan. Caer y levantarse... Reír y llorar, Estar acompañado de aquellos que hoy te quieren, pero por circunstancias naturales, biológicas o del ser, entender con dolor que probablemente mañana no estén.

Todos, absolutamente todos tenemos diferentes caminos, vías, opciones para hacer las cosas y llegar a la meta que deseemos... el tema es ¿Qué haremos para conseguir lo que deseamos?... ¿Es ético lo que haremos?, ¿se nos retornara en bien o mal?, ¿a quienes afectaremos con las decisiones que tomamos?, ¿Cuándo decidimos hacer el viaje a lo deseado?, ¿Cómo decidimos llegar?, ¿a quienes montamos en el viaje?, ¿por cuánto tiempo llevamos la compañía que decidimos?, ¿Dónde pararemos a descansar y por cuales razones lo haremos?, ¿Para qué o quienes tendremos que hacer las cosas? Pero nunca… nunca deberemos preguntarnos el ¿Por qué?… ya que la respuesta debe ser una sola. MI FELICIDAD.

Amar, es una decisión de vida… amate tu… despierta cada mañana y sientete feliz y vivo… pues ya eso es una ganancia 100% segura.

Estar Bien y sano es una probabilidad… pero si tienes salud agradécele a Dios más… porque eres uno de los privilegiados que puede tranquilamente sumar más días a su buena labor… pero, si estas enfermo, también da gracias a Dios pues es otro día más que el señor te da esperanza de sanar o la oportunidad de luchar contra lo que enfrentas, mientras sigues disfrutando de quienes están a tu lado en el camino de una fácil o difícil recuperación.

Seguidamente ama tu comida… desayuna bien, disfruta cada bocado. Si para esto debes de levantarte más temprano para tomar un rico baño y cubrir todas las necesidades de aseo personal…hazlo. Pero no lo hagas por obligación, por que debes de ir a trabajar, de cumplir un horario, etc. Hazlo porque te lo mereces… porque todo lo que te rodea lo has decidido tú y si algo no te gusta, cámbialo.

Antes de salir de casa sueña, visualiza todo lo bueno que el día traerá… pues desde llevar al niño a la escuela, de verle caer un diente o ser parte fundamental de su

crecimiento hasta el hecho de tener la posibilidad de tomar un medio de transporte para hacer lo que decidas hacer, es parte de los regalos de la vida.

Pues recuerda, que no todo el mundo es padre o madre, así como tampoco todos tenemos piernas o un aparato motriz que nos permita ir donde queremos sin depender de un tercero. Pero Dios es tan grande… que incluso quienes no tiene hijos naturales, pueden adoptar, pueden criar a un sobrino o tener unas mascotas… así como quienes hoy no pueden caminar, la tecnología les ha brindado oportunidades para tener sillas de ruedas y hasta tener sus propias olimpiadas…

Qué lindo es romper paradigmas y ahora con más claridad… pensar con mente ganadora, reflexiona Marina.

Y al acercarse a su esposo le dice gritado te amo y le abraza fuertemente sin importar que este tenga su hija en brazos. Les aprieta duro y ya la sociedad no importa ni lo que digan los terceros pues la felicidad de los míos, al saber que les quiero tiene más valor que lo que opinen de mí, personas ajenas.

Y al abrazar a sus amigos, les dice… no saben lo agradecida que estoy por tenerles y por demostrarme que aun en la distancia siempre fueron los mejores. Pues los mejores amigos rompen las barreras de los países, de las ciudades, de los matrimonios, de las excusas, de los problemas… Ellos están allí para uno cuando les necesitamos. Quizás, no físicamente, pero si mediante una llamada, una pregunta a un tercero que nos conoce, un gesto o algo…

Son como unos ángeles de la guarda que dios no da por afinidad, para que nos acompañen por toda la vida... en las buenas y en las malas. Ángeles que cuando no están... duele. Pero sencillamente uno debe reflexionar y preguntarse ¿Qué paso? Y si es por nosotros, pedir perdón por haberles fallado y recuperarles... pues es mejor la vida con ellos. Sobran los buenos momentos cuando ellos están... ¿Y si es por ellos?... preguntarles que ocurre. Si hay que establecer compromisos mutuos se hace... y si no, se puede aceptar que nunca fueron amigos reales.

Pues ser amigo no indica no tener diferencias, o discutir.... Encabronarse, decirse 4 groserías o solo la fase bonita de reír. Ser amigo implica pasar páginas para construir y crecer mutuamente...

Esa es la invitación del nuevo pensar de Marina...

Así mismo... Marina, empezó a recordar, mientras caminaba abrazada con sus amigos de lado y lado, todo lo que había hecho trabajando por tantos años... desde contratar personal a despedirles, desde recibir un curso de cómo manejar un pc hasta adiestrar a una audiencia en cómo ser mejores vendedores o publicistas, desde los viajes en la mañana a su trabajo con regresos a altas horas de la noche... como las innumerables horas perdidas de su vida, esperando un avión para visitar otro país que al cabo no recordaría o disfrutaría para, sostener una reunión con clientes, de cuantas horas invirtió en hacer reportes que nadie recordaría o que servirían solo para una ocasión puntual.

De todas las normas impuestas por cada jefe, algunas absurdas y otras lógicas… como las normas o los hábitos que copio para poder crecer organizacionalmente.

Subiendo a la camioneta, mientras reía… hacia caso omiso a lo malo que recién había vivido; aun cuando las preguntas de su esposo bordeaban el tema de ¿Cómo se había sentido estando presa y como le habían tratado?

Ella respondía… pero, internamente tenía un dilema: ¿Debo ahora odiar a la compañía que me formo y que me despidió después de tantos años? O debo ¿Agradecerle?...

Pero reflexiono enseguida y se dijo… Si yo deseo controlar el ambiente que me rodea, no puedo odiar… pues el daño lo estoy causando en mi ambiente y no en el ambiente del otro. Así que solo debo agradecer por cada fase culminada… hoy económicamente soy lo que soy por ellos, profesionalmente me ayudaron y como persona aun cuando no aprendí a ser una persona que cumpla los roles de amante, de cuentista o de cartógrafo adecuadamente, eso fue mi decisión no de ellos… yo pude aplicar o desenvolverme en la empresa con cualquiera de los roles… pero fui yo la que elegí cual adoptar.

Dicen por allí que cuando hay 1 sola opción, no hay opción… pero eso mentira, porque cuando incluso hay 1 sola opción… puedes decidir no elegir, y esa es una segunda opción. Así que todo lo que he vivido lo decidí yo.

¡Ah!!!... que hay cosas que no pude controlar como fue el hecho de estar presa… es cierto. Pero el tiempo ha dado su veredicto y a al final tarde o temprano salí… y eso es una gran victoria social, pues demostré que siempre fui inocente.

Ahora bien, si a eso le sumo que las empresas son el resultado del comportamiento de jefes, compañeros, dueños, etc. Odiar a la empresa seria como odiar a todos los que la conforman y no sería justa... por ello, si a alguien debo culpar, es a ese ser que fue antiético en busca de un beneficio económico superior, pero hasta allí... que se encargue la justicia de enjuiciarlo y decidir su camino.

Ame lo que hice... y lo ame tanto que fui la mejor por mucho tiempo. Ahora me toca desprenderme de ese rol y comenzar uno nuevo... uno que, pasado algunos días, comentare a mis amigos en pro de que juntos construyamos un nuevo camino de éxito.

Y es que como dudar del éxito, si todo lo que hemos vivido estos 3 personajes puede sintetizarse en una sola persona... porque tal vez solo tal vez, exista alguna persona en este mundo que haya pasado por todo lo que en el libro contaremos. Algunos, se identifican con tipos de líderes, otros con roles gerenciales, algunos tendrán los valores que hemos definido como claves en el éxito y otros seguramente les sustituirán con otros que consideran de mayor importancia... ¡Ojo!!!, pero de que son claves, súper importantes y se entrelazan lo que desarrollaremos, lo son.

De la Misión, visión o estrategias personales, de vida u organizacionales seguro mucha gente ha escuchado, pero, cuantos con ejemplos fáciles se podrán poner en los zapatos de quienes vivimos cosas difíciles y tuvimos que cambiar.

De los roles, creo que seremos importantes pioneros, pero del compromiso con cada rol... y el asumir responsabilidades seremos embajadores. Y ¿Cómo no? Si se casa esto al nivel de nuestra felicidad, al sincerarnos con nosotros y tomar decisiones importantes apoyándonos en los que nos rodean o asumiendo riesgos como valientes y líderes del cambio.

¡Yo amo, lo que hago... amo lo que soy... amo a quienes me rodean y al llegar la noche agradezco por poder ir a la cama tranquila al hacer el bien para los míos y para mi... y si Dios da una oportunidad de abrir los ojos al día siguiente... luchare como Guerrera!!!

Pues como Guerrera, sere ejemplo para muchos creando una metodología facíl que les lleve al Éxito sin pasar por todo lo que mis amigos y yo hemos pasado, pues estoy segura que aquí afuera, en la calle... tanto en la que esta frente de mi casa, como la que esta del otro lado del mundo... hay miles de personas que estan sufriendo un despido, que han emigrado como parte de una pesima politica gubernamental dejando todo en su pais de origen, tanto material, como familiar...

A todos esos seres que han perdido o se han distanciado de un familiar o, sencillamente han culminado una relacion de noviazgo, matrimonio, concubinato o como quieran llamarle... les regalaremos nuestros pasares para que reflexiones y mejoren o bien leyendo un libro o bien escuchandonos con las Conferencias que realizaremos.

Seguramente encontrare esos seres que diran: ¡Ah... yo no lo estoy viviendo!!! o ¡Yo no he pasado por eso!!!, pero la verdad estadistica indica que, si no lo estas viviendo o no lo has vivido, lo viviras en algun momento.

Y, si por suerte no les ocurre nada de lo planteado en el HOY que no creo que sea así, seguro conocen o tienen un familiar, un amigo, un jefe, un vecino, su mecanico o alguna persona cercana que esta pasando por algo de esto... a quienes les estan ¡Cortando la Cabeza!!! O ¡le Cortaron la Cabeza!!! De algun modo... o bien estan siendo verdugos y ¡le cortan continuamente la cabeza a alguien!!! Al finalizar una relacion de cualquier tipo.

A esas personas, que hoy pasan un fracaso y estan deprimidas... o que estan generenado fracasos y se sienten importantes sin darse cuenta que el ser verdugo es tambien un tipo de fracaso pues como lider de tu vida, tu trabajo, de tu relación, de tu empresa, tu sociedad o pais... algo no hiciste bien y decidiste ocultar, aprovechando el poder o la ausencia de sentimiento para ejecutar la ruptura...

A todos ellos deben de llegar nuestras historias para que vean que el Cambio es posible, que el éxito tarde o temprano llega si hacemos las cosas bien y somos constantes. Y es por todos ellos, que mis más sinceros pensamientos de fortaleza, de energía positiva para que superen lo malo o cambien el mal actuar... apoyare a plasmar en el libro a redactar junto a mis amigos.

Espero les guste ... ¡Es todo!!!

PROXIMAMENTE

¡¡¡A que te Corto la Cabeza!!!

www.ingramcontent.com/pod-product-compliance
Lightning Source LLC
Chambersburg PA
CBHW021351210526
45463CB00001B/64